读书之道

DU SHU ZHI DAO

詹福瑞 著

中 华 书 局

图书在版编目(CIP)数据

读书之道/詹福瑞著. —北京:中华书局,2015.4
ISBN 978-7-101-10661-9

Ⅰ.读…　Ⅱ.詹…　Ⅲ.读书活动-文集　Ⅳ.G252.17-53

中国版本图书馆 CIP 数据核字(2015)第 010179 号

书　　名	读书之道
著　　者	詹福瑞
责任编辑	李世文　徐麟翔
出版发行	中华书局 (北京市丰台区太平桥西里 38 号　100073) http://www.zhbc.com.cn E-mail:zhbc@zhbc.com.cn
印　　刷	北京瑞古冠中印刷厂
版　　次	2015 年 4 月北京第 1 版 2015 年 4 月北京第 1 次印刷
规　　格	开本/889×1194 毫米　1/32 印张 6⅜　字数 100 千字
印　　数	1-5000 册
国际书号	ISBN 978-7-101-10661-9
定　　价	35.00 元

目录

读书与人生 /1

个人性的读书 /39

顺从天性，激发好奇 /84
——关于儿童阅读的一个观点

经典与大众阅读 /120

读书的境界 /157

跋 /193

读书与人生

这是一个很大的题目，读书本身就是一部大书，再加上人生这个更大的题目，讲起来实在有些漫无边际。但是这个题目的确又是中学生作文的题目，在网上稍作检索，就可以发现无数条关于读书与人生的演讲稿，有的就是中学生作文的范文。所以，这又是一个不容易深入的题目。还有关于人生，什么样的人生是有价值有意义的人生，也是因人而异，不同的人生观会有不同的认识；对于书的价值判断也是仁者见仁，智者见智，书本身对人的影响既有正面的，也有负面的。由此看来，这又是一个不容易讨好的题目。更重要的是，无论人生和读书，自己都不能算作成功者。题目既然如此之大，那么我就采取一种漫谈的形式。题目既然不容易深入，我就尝试从几个不同的角度切入，不做泛泛之论。题目既然不讨好，我就结合个人的看法，尽量多用成功的读书范例。

一、读书的三个阶段

古人谈到读书，也曾讲过三个阶段，清代人张潮在《幽梦影》书中说："少年读书如隙中窥月，中年读书如庭中望月，老年读书如台上玩月。皆以阅历之深浅，为所得之深浅耳。"这三个阶段，实际上是讲人生阅历对于读书收获的影响。少年因阅历不深，读书时对书中内容的认识和理解是不全面的；到了中年，有了一定的阅历，这时读书才能对书中的内容有比较全面的理解；而到了老年，阅历已经十分丰富，此时读书，对书中的内容就有了充分的理解，甚至是有了批评的权力。

我这里所说的读书的三个阶段，固然与人生阅历有关，但又与张潮所说的不同，主要是讲人生的不同阶段对于书的需求的差异以及对于读书的影响。

1.幼少时期：知识积累与兴趣的培养

这一时期，不仅仅是人的身体的重要生长时期，而且也是人的精神和智力的重要生长时期。这一时期的阅读当然主要是学习和积累知识，但同时又是读书兴趣培养的阶段。卢梭在《爱弥儿》一书中特别强调读书兴趣的培养对于青少年的重要。他说，当孩子根本不喜欢读的时候，读书对他有什么用处？不能让还不喜欢读书学习的学生对读书发生厌恶的心情。不能让他体会到读书的苦味，以免过了青年时期他还觉得读书是一件可怕的事情（商务印书馆1978年版，第136—137页）。

少年时期的读书对于孩子心灵的成长十分重要。可惜大部分家长只知道少年身体发育的重要，却不知道读书对于少年心灵成长的必要和重要。或者知道了，却不知怎样做。因此可以说有相当多的少年是在茫然中走过本来很重要的少年阅读期的。

少年时期读书，当然是为了汲取知识。但是还有比汲取知识更为长远的目的，那就是阅读兴趣和阅读习惯的培养与形成。“问题不在于教他各种学问，而在于培养他有爱好学问的兴趣。”（同上，第223页）卢梭在《爱弥儿》中这样告诉我们。可以这样说，少年读书与其说是为了知识的积累，不如说是兴趣的养成更为确切。也就是培养对知识的渴望，要让书籍激发起孩子对世界的好奇、对人生的惊异，并且从中培养出对书籍的热爱。所以这个时期读书，不要急于获取什么知识，也不要渴求成为什么神童。读书的目的主要在于习惯的培养和兴趣的生成，如同找到一个要好的伙伴，得到一个喜爱的玩具，爱不释手，睡觉都舍不得丢开，还要放在枕边。少年时期有了这样的习惯，有了读书的兴趣，会为我们一生持久的阅读打下良好的基础，可以说是一劳永逸的事情。

少年时期读书，应该提倡无界域阅读，似乎不应该分辨什么样的书应该读，什么样的书不应该读。只要内容健康，又不深奥难懂伤了少年读者的胃口，让他们见书就烦，就适宜阅读。金圣叹在《水浒传序》中说："吾每见今世之父兄，类不许其子弟读一切书，亦未尝引之见于一切大人先生，此皆大错。"少年读书如同吃饭，要五谷杂粮什么都吃，才会营养健全，有益于心灵的成长。不能偏食，更不宜挑食，否则就会造成精神上的营养不良。当然，少年时期可能更容易接受小说故事一类文学性的书和想象丰富的书。但是，这个年龄段的读者，又不同于幼年时期的小读者，专注于童话和神话类图书。少年读书，选择的范围将会更加广泛，无论哪一类的书，只要形象、生动，都会引起浓厚的兴趣。比如《十万个为什么》，以生动具体的文字介绍百科知识，就很受小读者的欢迎，至今仍畅销不衰。可惜这样的书近年来出得太少了，不能满足小读者的需求。比起自然科学来，面向小读者的普及类社会科学作品尤其少得可怜。

少年时期，正是接受能力快速成长的时期。除了提倡无界域阅读之外，还要鼓励少年超年龄段阅读。其实有许多小读者也有超年龄段阅读即超接受能力阅读的成功例子。所以在这个年龄段的少年读者，不妨尝试读一些个人还不能完全接受、读起来似懂非懂的图书，如中国的古典名著《西游记》、《水浒传》、《三国演义》、《红楼梦》等。现代著名作家周作人在谈到他少年读书的经验时就讲过，他那时读我国古代小说名著，虽然有的句子还不懂，但是上下串起来也就大致知道了基本意思，而且也正是这样的超接受阅读，大大增强了阅读的能力。古人读书也大量存在超接受能力阅读的现象，不管懂不懂，先囫囵吞枣地吞下去，也就有了所谓读书的童子功。事实证明，超接受能力阅读，既可使读者快速汲取知识，也可以加快提高少年读者的阅读能力和理解能力。

少年时期读书，一般来说，还没必要似成年人那样严格分什么精读和粗读，但是有必要通过粗读式的读书方法来训练快速阅读的能力。粗读，也就是书的一般性浏览，对于培养少年的读书速度，是很有成效的。一目十行的读书态度，一直是我们所批评否定的不认真的读书态度。然而如果谈的不是读书态度，而是一种读书的方法，一目十行的方法，当会有助于提高我们的阅读能力和速度，也不妨一试。

2.青壮年时期：职业与工作需要

青壮年时期，一般人基本完成学业，开始进入工作阶段。这一时期的读书，由知识的积累自然转入到知识的应用，读书有了极强的功利性和目的性，就是为了适应职业和工作的需要，不断增长知识和工作技能，读书开始进入职业化和专业化的阶段，对书也由一般性的阅读转入对书的钻研和使用。

专业化或职业化读书，是一种很特殊的读书。对书的选择性日渐加强，范围也比较狭窄，一般而言，往往是追踪式的阅读，即专注在某一个领域作长期的跟踪，甚至要对所有的文献竭泽而渔。而且阅读的过程也极其枯燥，读书的兴趣实际上就是专业或职业的兴趣，而不在读书本身。

关于专业化或职业化的读书，有好多名人都谈过此类读书的体会。其中郭沫若的一段话，颇有代表性：“为研究而读书，这或许正是狭义的真正的读书。譬如研究一种学问，或者特殊问题，但凡关于那种学问或问题的一切书籍和资料，必须尽可能地全都搜罗把它们读破，这样，你对于那项问题便有了充分的把握，你可以成为该项学问或问题的有权威的专家。……例如我有研究古代史的志趣，为了使这志趣完成，我便用下了苦工，把我毫无素养的甲骨文字和青铜铭文完全征服了。……在今天凡是有志于古代研究的人，似乎都在沿走着我自己所走过的路径了。又例如我存心研究周秦之际的意识形态，我对于诸子周秦的著作便非彻底清算干净不可，管是喜欢它，不喜欢它。不喜欢它，你却得和它接触，由不得你的自由。假如有一家你没有清算得彻底，那你的认识只是局部的，而不是全面的。用具体的例子来说吧，韩非子的思想我是极端憎恨的，但为了要研究，我不能不读他的书，而且还须得翻来覆去地读了又读，读得烂熟。这犹如研究敌情一样，并不是出于爱而去研究，而是出于恨而去研究，这便限制了一个人的情趣的自由。大抵在研究而读书上我的方法是：（一）直探本源不受前人的约束。（二）搜罗一切资料尽可能使无遗憾。（三）对于资料毫无容情地、毫不惜力地加以清算，必须彻底，决不放松。这样去读书，我相信研究是会有成绩的。”（《我的读书经验》，《华侨日报》1948年8月19日）

朱光潜《谈读书》也讲过类似的读书：“读书必须有一个中心去维持兴趣，或是科目，或是问题。以科目为中心时，就要精选那一科的要籍，一部一部地从头到尾读，以求对于该科得到一个赅括的了解，作进一步作高深研究的准备。读文学作品以作家为中心，读史学作品以时代为中心，也属于这一类。以问题为中心时，心中先须有一个待研究的问题，然后采关于这问题的书籍去读，用意在搜集材料和诸家对于这问题的意见，以供自己权衡去取，推求结论。重要的书仍须全看，其余的这里看一章，那里看一节，得到所要的材料就可以丢手。这是一般做研究工作者所常用的方法。”（《谈修养》，中华书局2012年版，第92—93页）

当然，专业化和职业化阅读，也并非只看本专业书不可。这是因为除了职业和专业化阅读之外，还应有消闲阅读。此外，为了扩大视野，专业书籍之外，也应阅读一些其他书籍。鲁迅在《读书杂谈》中说过：“爱看书的青年，大可以看看本分以外的书……即使和本专业毫不相干的，也要泛览。譬如学理科的，偏看看文学书，学文学的，偏看看科学书，看看别人在那里研究的，究竟是怎么一回事。这样子，对于别人、别事，可以有更深的了解。”（《而已集》，《鲁迅全集》第三卷，人民文学出版社2005年版，第458页）

3.老年时期：消遣与娱乐

所谓老年生活，在我国一般是指退休以后的生活。进入老年的读者，在阅读方面，可能还会延续中年的专业化和职业化的阅读习惯，继续为研究、为问题而读书。有些学者已经形成了研究问题和思考问题的习惯，并以此为乐，所以即使是退休之后，还会继续他的专业化和职业化阅读。事实上，在哲学社会科学和人文学科里，许多学者不是青年成名，常常是大器晚成。这在学者中不是个别的现象。但是，就老年这个群体来说，大部分人是退休之后，即转入到休息和养生阶段，开始颐养天年。

对于这部分群体来说，功利性的阅读退居其次，代之以消闲阅读、养生阅读，阅读是为了消遣和娱乐。培根认为读书有三种作用，一为颐神旷心，二为增趣添雅，三为长才益智。如果说青年和中年时期，阅读以长才益智为主，以颐神旷心、增趣添雅为辅的话，而到了老年，情况就完全不同，其顺序可以完全颠倒过来，即以颐神旷心、增趣添雅为主，以长才益智为辅了。

这一阶段的读书，虽然在精气神方面已经不如青壮年强盛，但是这一阶段，人首先有了丰富的阅历，可以一边读书，一边咀嚼人生，以人生来丰富书的内容，以书的内容来咀嚼人生。而且有了悠闲的时间，可以以书为伴儿，作慢条斯理的漫步。有了态度上的从容和淡定，对书可作老牛式漫不经心的反刍。所以老年应该而且完全可以进入到人生的最佳读书状态。

这一阶段的读书，可以完全没有目的，不要方法，想读就读，想扔就扔，想读什么就读什么，完全是随心所欲。我觉得英国著名作家毛姆关于读书的意见，很适合老年人的阅读。他认为读者只能为兴趣乐趣而读。在《读书是一种享受》随笔中，毛姆讲：某一本书，纵然人们异口同声地加以称赞，但如果它不能真正激起你的兴趣，那么对你而言，它仍然是毫无作用的。因此在读书的时候，我们就一定要根据自己的兴趣，选择那些自己喜爱的书来读。如果觉得那本书不适合自己的胃口，就应赶快搁下它，而绝不要硬着头皮去读，因为那样就毫无乐趣可言，也就根本不可能真正享受它。他还说，读书一定随自己的兴趣，不一定读完一本再读一本，而可以同时读五六本。比如清晨脑子清醒，注意力集中，可以读科学著作或哲学著作；当一天的工作做完后，心情轻松，又不想从事激烈的思维活动，可以读一点历史、散文、评论或传记之类的书；晚间，不妨读读小说。身边还可以随时预备一本诗集，乘工作间隙，见缝插针地读一二首诗；床头可放一本可随时取看、又能在任何段落随时停止、心情也不受影响的书。毛姆虽然不是专门对老年读书而说的，但是却很值得老年读书者参考。

二、读书对于人生的意义

读书对于人生的意义，当然有很多很多。经常能够听人们讲使人立志，使人有理想，使人知书达理，等等。这里，我想讲四点：

1.读书使人活得明白

这其实不是我说的。

高尔基说：生活在我们这个世界里，不读书就完全不可能了解人。

英国19世纪考古学家约翰·卢伯克爵士说：书是人类的记忆。

英国19世纪著名史学家托马斯·卡莱尔说：书中横卧着整个过去的灵魂。

美国20世纪著名教育家海伦·凯勒说：一本新书像一艘船，带领我们从狭隘的地方，驶向无限广阔的生活海洋。

人生论其博大，不比宇宙更小；论其精微，甚至可以超过原子世界。人类的发展过程，既是一个认识世界的过程，也是一个人类自我了解的过程。而后者比起前者来，更为不容易。而人既然活着，就应该了解自己，弄清人从哪里来，又到哪里去。弄清人生的意义，人生的价值，人生的复杂生活。在这个世界上，确实有的人活得明白些，有的人就很懵懂。这也直接影响不同的人的人生态度和人生行为。

对于人生的了解，有两个途径，一是个人的经历、个人的经验；二是靠读书。人生本身就是一部大书，所以古人除了讲读万卷书，还要讲行万里路，把阅历和读书看成是人了解世界的两大重要途径。不过人生毕竟时间有限，阅历也是极其有限的。所以，阅历之外的读书，对于我们尽可能多地了解人、人生和这个世界，就十分重要。

书是无数不同种族、不同国家、不同阶层、不同社会、不同时代的作者撰写的。书的内容种类也可分为无数类，自然、历史、哲学、宗教、文学、艺术、物理、数学、生物、天文、地理等，广及人类社会生活的方方面面。所以才有前人说书是生活的海洋、书是人的记忆、书是人的灵魂、书就是人等等的描述。约翰·卢伯克说："书籍之于人类，犹如记忆力之于个人。书籍记录了我们人类的历史，记录了我们的新发现，记录了我们世世代代积累的知识和经验。"正是有了书，人类才能记载自己跋涉的足迹，留下博大的人类文化，留下人类心灵的密码。总之，凡是个体自身不能亲自体验的生活，都可以通过书来观察。正因为如此，书事实上已经成为人类在生活实践之外，了解自己的重要通道。诚如菲得洛斯所说：书具有两种功能，一是为人们带来乐趣，二是教导智者如何生活。

比如关于人生的意义与价值，以及人如何对待生活，在中国历史上就有数家学说。通过儒家的经典《论语》，我们可以了解到儒家对待人的生命的态度。儒家是现实主义者，孔子说：“未知生，焉知死？”只谈人的生前，不谈人的死后的生命问题。所以儒家重视生命的社会意义，主张生要有意义，建功立业，死后留名千古。而通过《庄子》，我们又会了解到与儒家完全不同的生命态度。庄子认为，人的生命是气的聚散，气聚为人，散则回归于气，一切都是自然的聚合过程。所以不要为死而悲伤，因为你本来就是气嘛，正如此，庄子的妻子死了，他鼓盆而歌。可以看出儒道两家都关注人之生，都重视人的生命，而不在乎死。但是人应该如何生呢？儒道就体现出两种不同的生活态度。以上讲儒家重视人对于社会的意义，而庄子认为个体的生命本身就是意义所在。人应顺应自然，而不是改变他的天性，主张自由自在的生存。而在儒道之外，中国本土的思想中，还有接近于道家而又不同于道家的列子的享乐主义生命观。他认为好人坏人在死亡面前是平等的，不因为尧舜是圣人就可以不死，桀纣是坏人就一定要死，既然死后都是一抔黄土，没什么区别，为何不像桀纣那样享尽生前的快乐？到了东汉以后，佛教传入中国，又有了精深的佛教的生命观。其实，儒家也好，道家也好，列子也好，佛教也好，都是从人的生命大限，即以死作为思考的起点的，但是所走的路线却有很大的不同，结论也不同。儒道列子都是由死回到生，而佛教却再往后走，设定了轮回三世，认为除了灵魂不死可以轮回，肉体以及与之相关的感知的世界和生活本身，都是空幻不居的，所以不应执著于现世的一切，而应修来世。

又如关于《红楼梦》，毛泽东是把它作为一部丰富形象的封建史来读的，但是我却从《红楼梦》里边读出了生命的感悟。

《红楼梦》写宝玉的直感生活，最深刻的应该是宝玉对生命的感悟。作者的高明之处在于写出了中国式的生命幻灭感。人的生老病死所产生的是最切近、最深刻、最痛苦而又无奈的情感。正是这样的情感，终极地感伤着宝玉和黛玉这类的性灵人物们。因此而有看花落泪、见月伤怀的多愁善感。在大观园里，黛玉对季候的感应最为敏锐，而且无不融入个人的漂泊感。这样的情感容易产生，自然与黛玉父母早亡、寄人篱下的不幸身世有关；但是她的情感内涵却远远超出了个人的身世感，透出这个聪颖的女孩子关于人生的深刻体悟。她的柳絮词：“漂泊亦如人命薄，空缱绻，说风流。　　草木也知愁，韶华竟白头。叹今生、谁舍谁收。”从柳絮的飘零，想到人的漂泊无依的宿命，既为物伤怀，为己伤怀，也是为人类伤怀。还有她的葬花吟：“侬今葬花人笑痴，他年葬侬知是谁？一朝春尽红颜老，花落人亡两不知。”空幻感已不仅限于美好的春天与青春，限于人生，广而及于大自然了。

在大观园里，另一位深怀人生空幻感的就是贾宝玉。所不同的是，黛玉的生命之悲，常常是因季候花草而感发，而宝玉的生命之叹，却多来自他身边的女孩子们。宝玉陪黛玉葬花，哪里会体会到黛玉这个女孩子深微而细腻的生命痛感？顶多是对美好事物的同情而已。但是当他听到黛玉“花落人亡两不知”的葬花诗，想到林黛玉的花容月貌将来也会到无可寻觅之时，真是心碎肠断。他又由黛玉终归无可寻觅之时，想到宝钗、香菱、袭人等也到无可寻觅之时，而这些女孩子到了无可寻觅之时，他自身又不知何在何往？而将来的斯园、斯花、斯柳更不知当属谁姓？不觉恸倒在山坡上，怀里落花撒了一地。黛玉葬花，生命的感伤，是由自身的漂泊感，怜及自然界的花草，反过来而更深化了她对个人身世以及人类无归依的感悟。而宝玉则是由黛玉而及所有的女孩子，再由女孩子而及个人，乃至自然。但是很显然，两个人的生命空幻感是相通的。这种空幻感，使宝玉的生活只定位在一个目标上，就是与身边的女孩子们长相厮守，永不分开。所以在十九回宝玉有“只求你们守着我，等我化成灰，随便你们到哪里去”的幻想。而在第三十六回，他又发表了人谁无死，只要死得好的理论。他所说的死得好，就是如果有造化，趁着那些女孩子还在眼前时死去，能够得到女孩子哭他的眼泪流成河，把尸体漂起来，那就是死的得时了。由此看来，宝玉强烈的生命幻灭感，来自他对女孩子的留恋。他是在女孩子的依恋中，才体会到生活的美好、生命存在的意义。而一旦离开了体现他生命意义的女性们，他也就感到失去了生命存在的价值。就似他与黛玉说的那样，“你死了我去做和尚”。

《红楼梦》中的贾宝玉的确是出家了，在高鹗的续写里，宝玉出家的直接动因是木石无缘、黛玉之死。但是把宝玉推向空门的还有另外的原因，那就是大观园女儿国的分崩离析，他心爱的女孩子们死的死，嫁的嫁，走的走，散的散，宝玉强烈地感受到他真的到了赤条条无牵挂的境地。而一个世界，一个社会，只有女孩子才会使人感受到生命存在的美好，这个世界和社会岂不荒诞？《红楼梦》之后，多有狗尾续貂之作。本人孤陋寡闻，没见到有写宝玉与黛玉结婚的作品。但是假设宝玉与黛玉结婚了，结果又当如何呢？是不是宝玉就不会遁入空门了呢？恐也未必。黛玉葬花，收拾起的首先是个人的身世命运，为自身悲而及他人之悲；而宝玉的出家，重要的是为女孩子们出家，其次才为己出家。女孩子在他的身边，已经成为他生存的环境，成为他活下去的生态，甚至融化为他的生命的肌体和血肉、他的思想和灵魂，在此状态下，即使宝玉完成了与黛玉喜结良缘的心愿，黛玉一个人能够代替所有吗？

宝玉的孤独与空虚，寂寞与无聊，是与生俱来的。赤条条来去无牵挂的人生决定了这一切。宝玉虽然年少，却过早地颖悟到人生的空幻，所以宝玉的悲感是宿命的悲感。在此问题上，家庭与个人身世不是决定因素。只能说家庭的没落与周边女性的不幸身世，更强化了他的直感而已。解脱人生的空幻，中国古代士人开辟了许多途径。

浪迹山林是一途，晨钟暮鼓是一途，也有的干脆就放浪形骸了。宝玉却把解除空幻的途径用在了情痴上，在与女孩子真诚的相守中寻找生活的清净，寻找情感的纯粹，寻找思想的洁白，寻找人生的温暖，寻找灵魂的慰藉。这虽然是宝玉来自他的直感的人生选择，却也是宝玉的特异之处，当然也是他的可怜之处。不过看到宝玉连这样可怜的愿望都化为泡影，人生的无凭和社会的残酷也就可见一斑了。

2.读书使人活得聪明

这也不是我说的，莫那说：读书使人聪明。意大利文艺复兴时期杰出的思想家布鲁诺说：欲想变得聪明，靠的不是力气，而是孜孜不倦地读书。马寅初说：书读得越多越聪明。

但我这里所说的聪明，是形而下的，不同于我后面所说的智慧，主要指一种生存的能力。如同英国16世纪的哲学家培根所说的知识就是力量，力量也主要是指一种能力。高尔基也说过类似的话："热爱书吧——这是知识的源泉，只有知识才是有用的。"生存能力应该是人的最基本的能力。个体的人，甚至一个族群是生活在一个充满竞争的社会，物竞天择，这是自然的法则，也是人类社会的法则，尤其是在现代社会，竞争更加激烈。在这样的社会中，一个人乃至一个族群能否生存下去，而且生活得更好，主要看他的生存能力。在这个问题上，知识起了决定性的作用。而知识来自哪里呢？当然来自两个方面，实践和书本。因此列宁就把知识就是力量直接改为：书籍是巨大的力量。

以色列诺贝尔文学奖提名作家阿摩司·奥兹近期在中国社科院所作的“以色列：在爱与黑暗之间”演讲中谈到以色列这个民族。他说，以色列民族曾经在两千年的时间里，没有自己的国家，甚至失去了本民族的语言。但犹太人中天才辈出，单以诺贝尔奖为例，这一民族的获奖比例远远高于其他民族。经常有人问他为什么，他说，绝非所谓的基因，犹太民族的基因绝不比其他民族的基因好。如果一定要给出一个答案，很简单，那就是——书。在相当长的时间内，犹太民族除了书一无所有。中国人在建长城时，他们在看书；埃及人在建金字塔时，他们在看书。犹太民族有句古语，大意是：如果想在冬天有个避雨的地方，你就建座房子；如果想住的年头久一点，就建座石头房子；

如果想被儿孙辈惦记着，就在身边造一座城；但是你若想永垂青史，你就写本书。所以在以色列，读书的氛围相当浓厚。可见一个民族的强大，书所起到的作用。

可以这样说：历史上的每一个杰出人物，无不是读书迷。美国的著名作家杰克·伦敦没有上过中小学，少年时期过的是流浪生活，做过牧童、报童、工人、水手。但是他喜欢读书，热爱文学，以莎士比亚、歌德、巴尔扎克为学习的对象，认真读他们的作品，甚至背诵下来。他的朋友曾经描绘他的读书情景：“他捧起书，不但用小巧的杠子偷偷地撬开它的锁，盗取点点滴滴内容，而且像一头饿狼，把锋利的齿扼进书的咽喉，凶狠地舔尽它的血，吞掉它的肉，咬碎它的骨头，直到那本书的所有纤维和筋骨成为他的一部分。”他把书中的佳句要点抄在纸条上，插在梳妆台的镜缝里，别在晒衣绳上，刮脸、穿衣，随时阅读。他还把卡片装在衣袋里，随时拿出来看。这种对于书的吸血吃肉、咬碎骨头的精神，成就了他的作家梦。

比尔·盖茨被称为神童，是科技天才，同时他又是一个酷爱读书的人。他8岁时就开始读《世界图书百科全书》，并决定把每一卷都读完。他读十年级的时候，由于大量的课外阅读，已经使他的数学和自然科学知识远远超过了他的同龄人，以至在课堂上常常找老师的麻烦。所以比尔·盖茨的成功也不是偶然的。

3.读书使人活得快乐

培根说："读书能给人乐趣、文雅和能力。"又说："读书足以怡情。""读书可以铲除一切心理上的障碍，正如适当的运动能够矫治身体上的某些疾病一样。"

高尔基说："要热爱书，它会使你的生活轻松。"

法国著名作家罗曼·罗兰说："和书籍生活在一起，永远不会叹气。"

法国17世纪启蒙思想家孟德斯鸠说："喜欢读书，就等于把生活中寂寞的辰光换成巨大的享受的时刻。"

德纳姆说："书籍应有助于达到以下四个目的中的一个：获得智慧，变得虔诚，得到欢乐，或便于运用。"

这些谈的都是读书给我们的生活带来的快乐。

读书给我们生活带来的快乐，来自两个方面：

一个是读快活的书带来的快乐，一个是获得知识带来的享受。

在图书中，有的作品是专门供人们用来消遣娱乐的。

比如明清以来就很流行的武侠小说。

武侠小说本是娱乐之作，不登大雅之堂。一段时间以来，文学曾有严肃与不严肃之别，武侠小说当然不在严肃其列。虽然有文学史家为它争得立身之地，但有的文学史家至今仍不肯承认它在文坛的一席之地。其实文学史从来就是少数学者的文学史，与百姓无关。入不入史，雅与不雅，似乎不会影响百姓的取舍，好看、好玩、解气、撒气，皆可成阅读原因。

武侠小说为何长盛不衰，火了又火？主要原因即在于读武侠小说使人快乐。

读者阅读武侠小说，从心理上是各取所需，缺啥补啥。受欺凌者，幻想如侠客快意恩仇，或人间多有路见不平、拔刀相助者。在过去的研究中，人们往往认为武侠小说兴起在乱世或衰世。这自然不无道理。越是乱世，越是渴望英雄，期待大力之人。但也并不完全尽然。即使是盛平之世，无钱无权也即无势的读者也可能生活在一个极度压抑的生存环境里，所以武侠小说的流行未必一定在于乱世，只要天下有不平，就有武侠小说产生的土壤，就有武侠小说存在的空气。有仇有怨，一剑了断，而且追求的是复仇的快感，“嚓”的一声，一口污浊之气尽吐无遗。如果读者在现实中受了压抑、受了欺凌、受了委屈，读到这样的文字，自然会有一种宣泄的快意，通体舒泰。

不仅如此，武侠小说中所渲染的武功，也投合了读者追求快意的心理。侠客的武功本领无限大，应该是侠客自由无限大、个人意志无限大、个人好恶无限大的物质基础，有了这个本领才会有个人的自由。只有天下老子武功第一，侠客的个人意志才会成为统治的意志，变成他人乃至社会不得不接受的科律，才会有绝对的自由。这也导致侠客有处理人间是非的非常手段，不遵律条，不守规矩，全凭个人的判断、个人的意志，想活就活，想死即死，一剑了事，干净，利落，酣畅，痛快。侠客获得了无限权力，个人的意志和自由都得到了最大的满足。回到现实的话，侠客的做法会有许多问题。“同是非曰侠。”但是个人意志、权力、自由无限之大，实则是在皇帝之外，又来了个无冕之王，又走上了生杀予夺集于一身的集权老路。皇帝虽然一言九鼎，但还有刑法科律，还有大臣的谏言；而侠客的抉择，只其一人。他的是非判断是否正确？有无可能滥杀无辜？可谓问题多多。但是，小说终归是小说，它这样写的目的就是为了读者的痛快。它所要满足的本来就是生杀予夺决定于他人的可怜百姓的白日梦。在小说中，他们终于有了决定自己命运甚至他人命运的权力，强力了一把，痛快了一把，火了一把。武侠小说作为娱乐产品，确实为那些处于下层的读者提供了不大不小的精神出气筒。

武侠小说走到今天，读者已经不是旧时的听话人了，喜欢武侠小说的读者不乏在社会中有成就的人和所谓的高级知识分子——大学生、教授、学者等。面对社会他们当然也有个人的愁烦苦闷，有的是生活中的，有的属于更为高级的精神层次。而武侠小说给他们不同层次的阅读期待提供了开阔的空间。职业难求，评职无望，所爱被夺，财源不旺，生活里遇到的挫折，都可能使他们逃进武侠小说，寻找意念实现或报复的快感。其实这些仍旧属于旧时听话者的层次。而游侠来无影、去无痕、浪迹天涯、独来独往的生活方式，则让他们高贵的思想寂寞、心灵孤独有了精神的附体。小说中的侠客，总是在游走中，故侠或冠之以武，或冠之以游。清代小说中的侠客，多数还是有其行止居所的，展昭家在常州府武进县遇杰村，后来封为御前四品带刀侍卫，也就跟随包公左右了。而五鼠则居住卢家庄。只有到了后来的武侠小说，剑侠之士才或深山或老林，越来越远离人世。武侠居所虽然有定处，但并不影响他的行游，也正是在行游中，才不断地有了路见不平，有了拔刀相助。正因为侠客是在不断地游走，而且多是昼伏夜出，一个人行动，从行迹上就见形单影只，表现出孤独之态。然而就侠客个人心理来说，有的的确性情孤僻或孤傲，有的也并不孤独，不乏大碗喝酒、大块吃肉的快乐英雄。如果说侠客之孤孤在行迹的话，今人之孤则孤在心迹。那是在工业化、现代化挤压下失去家园的无依归感。但也正是侠客的孤单行止，使现代人找到了自己孤独心理寄生的躯壳。所以钱伯斯说："书是灵魂最好的麻醉剂。"的确不假。

关于读书，我的意思是要主动找乐，而不要去自寻烦恼。比如读诗。

关于读诗，古人本来也看得很沉重。《尚书·尧典》记载，舜帝叫当时的乐官夔教贵族子弟学习诗乐，是承担着培养中和之美人格的重任的。孔子教学生学诗，说："诗，可以兴，可以观，可以群，可以怨。迩之事父，远之事君。多识于鸟兽草木之名。"（《论语·阳货》）又说："诵《诗》

三百，授之以政，不达；使于四方，不能专对；虽多，亦奚以为？”（《论语·子路》）也是为了让学生掌握侍奉君主和父母以及外交的本领。到了汉代，经生学诗，认为诗可以“经夫妇，成孝敬，厚人伦，美教化，移风俗”（《诗大序》）。魏之曹丕说：“盖文章经国之大业，不朽之盛事。”（《典论·论文》）诗的作用很大，读诗真的不得了，事关政治，事关国家，事关民风。关于诗的性质，古人认为有两点，一是言志，一是抒情。言志主要关系到以上所说的大事。读诗是否有上面所说的作用呢？这要历史地看。春秋时期，人们还没把诗作为审美娱乐的语言艺术来看，所以孔子与他的学生讨论诗，主要谈诗的社会实用的功能。汉代经学的影响甚大，人们论诗强调它的教化作用，也就不足为奇。但是我们今天读诗却未必受此局限，可以主要出自对个人情感、情趣及审美的需要。

说读诗找乐，首先应考虑到情感的交流与发泄。古人读诗找乐，从大的方面说，是找达则兼济天下的大快乐，或者是穷顿时做兼济天下白日梦的快乐，或者是不得志时发泄愤懑感情的快意。我们当代人读古诗，当然也可以借古人的酒杯浇自己的块垒。得志时大叫：“仰天大笑出门去，我辈岂是蓬蒿人。”不得志时，充满信心地说：“天生我材必有用，千金散尽还复来。”这也是找乐。人的感情有时需要发泄，发泄也是寻找快乐的行为。读诗的快乐，还来自我们与诗人情感的交流。我们的情感是需要交流的。这种交流可以是现实生活中人与人情感的交流，也可以是今人与古人通过文学作品的交流。这就是孟子所说的上与古人交友。古人与今人虽然所处的时代不同，但是人类的生活与情感却有许多相同或相通之处。而这种相同或相通之处，就为我们通过古诗与古人交流提供了可能。这种交流是私密的，因而也就带有更加强烈的个人化的色彩，读诗之人在很大程度上是在感受个人内心的情感体验，印证个人的情感经验，寻找情感的安慰，甚至是在升华情感，通过这些个人的读诗的情感活动而获得心理的满足。如东晋时的著名士族将领王敦特别喜欢读曹操《龟虽寿》的名句：“老骥伏枥，志在千里。烈士暮年，壮心不已。”一边吟诵，一边敲唾壶，以至于把唾壶都敲出了缺口。王敦为什么如此喜欢曹操的这首诗？实在是他与曹操有着共同的情感体验。因为他与曹操一样，也是一个有野心的人，想取晋皇帝而代之，后来果然发兵造反。他急于实现个人的野心，却限于各种条件的限制而不能马上实现，而时间流逝，眼看像曹操一样进入老年，所以读曹操的诗，很容易产生共鸣。今人也是一样。抗战时期，许多人与家人天各一方，音信杳无。这时读杜甫《春望》“烽火连三月，家书抵万金”句，就觉得个人的思想情感和生活体验与诗人杜甫有了契合之处，感到杜甫先得我心，与杜甫有了异代的情感交流。

读诗找乐，有时也是一种发现的快乐，即在古诗中发现了某些人生哲理，迦叶拈花，发出会心的微笑。诗是文学中最为精致的艺术，也是最能表现人对人生微妙体验的艺术。如苏轼的《题西林壁》，有人说这首诗是写认识的局限性，这不假。人的认识要受他所处的环境的限制，所以认识不全面。这样讲也可以，也挺深刻。但是这首诗实际上是首充满禅意的诗，诗意是说：人的一生因为受到世俗生活种种假象的蒙蔽，横看是岭，侧看成峰，其实都是假象，使人无法清楚地认识到人生的真谛。只有跳出世俗的生活，获得真正的解脱，才会对人生有透彻的认识与理解。此诗埋藏着人生的玄机，人生的大智慧。所以，我们读了此诗，理解了这个玄机，获得了这个智慧，自然会产生一种洞彻人生的快意。

读诗找乐，还在于找到一种情趣。诗意的人生，或者说艺术的人生，往往在于生活的情趣化。古人追求生活的情趣，在我看来是胜过今人的。古代的文人，往往琴棋书画，无所不能，生活情趣多多。相比之下，我们的生活单调多了。想一想，我们工作之余，还有多少情趣的生活呢？所以我们读一点古诗，会从古诗中找到许多在生活中没有的情趣。生活的情趣很多，这里主要说说闲情。“春眠不觉晓，处处闻啼鸟。夜来风雨声，花落知多少。”大家都知道孟浩然的这首《春晓》写春好，但我们赏诗不能到此为止，还要体会孟浩然隐居的闲适心情。“春眠不觉晓”，写什么？写闲适，写懒散，不为利禄拖累的快适。诗人不当官，没俸禄，但也因此获得了身心的自由。也正是有了这种自由，诗人才真切地感受到了自然界微小的变化，由夜里的风声雨声，知道花的飘落。我们还可以联想，这风声雨声，也许暗喻着复杂的社会人与人之间的争斗，不知损害了多少美好的事物。但诗人远离了社会，所以那外面的风声雨声、花开花落，也就与他没有任何关系了。由此，你认识了闲适，感受到了闲适的自由和快乐。我们虽不必也像古人那样去过隐居生活，但能够体验古人闲逸的情趣，对我们的心理健康也就大有益处了。

4.读书使人活得智慧

所谓的智慧，是指人生的智慧，与形而下的聪明不同，它不是小伎俩，不是小权谋，不是市面上畅销的厚黑学、帝王术，不是男女攻略、市场营销。古人云：庸人自扰。只有对人生没有洞察的人，才会有以上那样的权谋策略，才会患得患失，蝇营狗苟。

智慧是一个人对人生彻悟，对社会洞透之后所产生的超越的人生态度。它会使人生变得从容不迫，豁达大度，优游潇洒，游刃有余。

人生的智慧当然也是来自两个方面，即人生的实践和书籍。宋人苏辙《藏书室记》说："古之知道者必由学，学者必由读书。"朱熹《行宫便殿奏札二》亦云："为学之道，莫先于穷理；穷理之要，必在于读书。"古人所说的"道"和"理"，多指天地人生的根本道理。胡适说："现在的书本是古人经历数千年来之学问、智识、经验的结晶，读了一本书，等于经历了古人所经历的数千百年的经验。"（《怎样读书》，三联书店2012年版，第13–14页）朱光潜说："书籍是过去人类的精神遗产的宝库"，"读书是要清算过去人类成就的总账，把几千年的人类思想经验在短短的几十年内重温一遍，把过去无数亿万人辛苦获来的知识教训集中到读者一个人身上去受用”（《谈修养》，同上，第89页）。可见读书对于获取人生智慧的重要。

关于这方面的书籍，我个人认为中国古代有三个作家的作品可看，一个是陶渊明，这是平民智者的人生智慧。一个是王维，这是达官智者的人生智慧。一个是苏东坡，这是生活坎坷的智者的人生智慧。

读陶渊明的诗，你会感到意闲心淡，随意自然。

陶渊明同其他人一样，要在鱼和熊掌之间抉择，要么为五斗米折腰，要么远离市朝，回归自然。他最后还是选择了挂冠而去，回到田园。他之所以这样做，是来自他的新自然说，体现在陶渊明的组诗《形影神》中。

这首组诗写的是面对生命的三种人生态度。序里说得很清楚：“贵贱贤愚，莫不营营以惜生，斯甚惑焉。故极陈形影之苦，言神辨自然以释之。好事君子，共取其心焉。”在形影神三者中，形既是生命的物质形态，同时又是重生命的物质属性的人生态度。人虽称为万物的灵长，实际上人的生命是极其脆弱和短暂的，草木逢秋固然会衰落，但春来又现生机，生命重回，而人却必死无疑。重物质者，对此采取的人生态度是“得酒莫苟辞”。形体是生命之实，而影子则是生命之名，同时也代表了重名声的人生态度。名本来是附着于形的，形既然不能长生不死，游仙又虚无飘渺，名只能与形俱灭。“身没名亦灭，念之五情热”，想到名与形一同消亡，就情不自安。重名声的人于是主张“立善有遗爱”，留善名于后世，延长生命的价值。这样的人生态度古已有之，《左传》讲立德立功立言，死而不朽，曹丕也大谈不朽之盛事，就是重名的一派。形为生命的肉体，影是生命的名字，而神则是生命的灵魂，实际上是生命的思想者。当然也代表了陶渊明的人生态度。思想者清点了最有代表性的人生态度后，作如是言：三皇那样的大圣人现在何处？号称活了七百岁的长寿老人彭祖不也是死了吗？在死亡面前，老少贤愚一律平等，概莫能外。酒固然可以使人暂时遗忘痛苦，却不知那是加快死亡的饮料。而立善名于后世的想法就更为虚无，善与不善，有什么标准？谁去评价？所谓的遗善，不就是无根的奢望吗？放浪形骸难逃苦海，善名留后也是空谈，怎么办？思想者主张：“甚念伤吾生，正宜委运去。纵浪大化中，不喜亦不惧。应尽便须尽，无复独多虑。”一句话，顺其自然，如《归去来兮辞》说的“聊乘化以归尽，乐夫天命复何疑”。

陈寅恪把陶渊明的人生态度称为新自然说。新自然说提出委运任化思想。运化就是自然，委运任化就是顺随自然，混同自然。陶渊明不但勘透了生命，勘透了人生，也勘透了自己，打开心的枷锁，做一个认真自得的人。好读书，不求甚解；写文章，聊以自娱；弃功名，远富贵，既不用文章博取功名，也不以读书为累。荷锄稼穑，不以为耻；有酒邀邻，醉任去留；蓄琴自抚，不在有弦无弦，可谓真正的高卧南窗的羲皇上人。有了这种心态，他才能过上如诗如画的生活，“采菊东篱下，悠然见南山”。心里没有任何情障、事障、理障，湛然清虚，精神处于完全放松的状态，无意识地采菊，悠然自得地见到了南山。“方宅十余亩，草屋八九间。榆柳荫后檐，桃李罗堂前。暧暧远人村，依依墟里烟。狗吠深巷中，鸡鸣桑树巅。”充满了闲情逸致，是一种诗意的栖居。

读王维的诗，你会感到心越来越平静，越来越和谐。其实心静很不容易做到。心静之所以不易，乃是因为社会人生丰富多彩，吸引人的欲求实在太多。古人把这种欲求称之为机心。没有权力时千方百计要去争取，已经位极人臣又想保住它。贫困时要努力摆脱，富贵了又想长生不死，享尽荣华。方管（舒芜）《王维散论》文章分析到：人心的骚乱都由于社会现实的干扰，自己未满足的欲望的激荡。这使人们成为名利场上永远的角力者。王维能在显宦的位置上静下心来，做一个万事不关心的人，主要原因在于心理上的满足与和谐。他于社会无所求了，于生活无所求了，就连自己的口腹之欲也都无所求了。与世淡无事，自然江海人。不在是否离职去隐居，而在心中无事，淡出世事。这样的无欲无求使王维与现实、自然都处在和谐的状态，就是他自身，灵与肉也是和谐的，心灵由是而平安。到了这种时候，王维的生活与社会现实处在了若即若离的状态。他的心灵也与社会现实处在了一种游离的状态。王维有《终南别业》诗："中岁颇好道，晚家南山陲。兴来每独往，胜事空自知。行到水穷处，坐看云起时。偶然值林叟，谈笑无还期。"沈德潜评论此诗云："行无所事，一片化机。"方管借题发挥来分析王维此诗的心理状态：原来妙就妙在行无所事、行云流水的调子。一切都任其偶然，顺其自然，安其适然，一切都不一定要做，但也不一定不做。总之一切都可以做，而又一切都不存心如何如何。这正是与社会若即若离、无可无不可心态的绝妙写照。既然一切都无所求了，对一切也就不再执著，因此也就遂性自然，心如行云流水，所在而安。

王维诗中之静和心中之静，已经有众多的文章寻着《唐书》本传的线索，从他笃信佛教找来答案。佛教的色空思想的确是消解王维功名之焦虑、生命之焦灼、生活之苦恼的有效良药。当一个人连吃饭穿衣这样的起码需要都降到了维持生命最基本的粗衣蔬食，他对生活还会有什么更多的欲望和要求？还会有因什么欲望和要求得不到满足而带来心灵上的躁动和不安？“薄暮空潭曲，安禅制毒龙。”正是佛教消除了个人妄念，获得了心灵的安静。

但是对于王维这样的中国古代士人，我们切不可只看他的一面。他能够修炼到万事不扰的炉火纯青的境界，不完全是佛教的影响，还应有儒家、道家的浸染。王维一生可谓基本顺利，少负盛名，壮登廊庙，虽然遭安史之祸，却并未影响仕途，官越做越大。到了晚年，王维已经功成名就，所以就半官半隐，做身退的行事。他对现实社会已毫无不满，毫无要求，自然就获得了心灵的平安。因无欲而满足，与佛教相关。但是，无欲而不失生命的乐趣，却颇领益于道家逍遥游的思想。佛教色空思想可以解除执著于物质世界的各种欲求给人们带来的痛苦，然而现实为苦海，苦修来世之说，又往往使人们对现世万念俱灰，消除了人们现世的生命乐趣。空寂，空寂，空即是寂。所以纯然表现佛教思想的作品，不会似王维山水诗那样于静中感受到一片生机，感受到诗人观察、受用自然的乐趣。还有，在他的田园诗里边，我们更会感受到农家生活的安详平和给他带来的温馨。看看《渭川田家》："斜光照墟落，穷巷牛羊归。野老念牧童，倚杖候荆扉。雉雊麦苗秀，蚕眠桑叶稀。田夫荷锄至，相见语依依。即此羡闲逸，怅然吟式微。"从这里边可以看出，王维的无所求不是不要生命的乐趣，不是不要现世生活，而是放弃物质的执著，追求精神上的适性，过一种闲逸的生活，而这恰恰是中国道家思想的精髓。

读苏轼的诗，你会旷达地对待人生的穷达，人生的得意与不得意。诗人一生在宦海沉浮，辗转于做官与贬谪流放中，所到之处几乎大半个中国。他43岁因为乌台诗案被贬到黄州，58岁又被贬到惠州，61岁贬到儋州，64岁才遇赦北归。苏轼自题画像说："问汝平生功业，黄州、惠州、儋州。”但是他并没有因人生坎坷而悲观，他在逆境中寻求解脱，自安自适，永远保持积极向上的人生态度。王国维评苏轼词，说东坡词旷。我们可以欣赏以下他贬到黄州第三年所写的《定风波》：“莫听穿林打叶声，何妨吟啸且徐行。竹杖芒鞋轻胜马，谁怕？一蓑烟雨任平生。　料峭春风吹酒醒，微冷，山头斜照却相迎。回首向来萧瑟处，归去，也无风雨也无晴。”表达了苏轼从容面对世事风雨，我行我素的旷达情怀，对我们一生都有启发意义。

个人性的读书

今天来做读书报告，犹豫再三。我认为讲读书，很难讲出什么新东西，也很难讨好听众，这就是我犹豫再三的原因。前年4·23世界读书日，国家图书馆要讲读书，主办的部门谁也不请，非得要我讲，理由有两个，都和图书馆馆长有关，一个认为我是图书馆的馆长，有责任推动读书；另一个好像既为图书馆馆长，坐拥书城，就一定是满腹经纶，有资格谈读书。其实，第一个理由还算站得住，作为图书馆馆长，倡导读书、推动读书，当然是他的责任，但是第二条理由就不十分靠谱。要说过去的图书馆馆长，多是大学问家不假。过去京师图书馆的蔡元培、梁启超，名头很大，可谓学富五车。我的前任任继愈先生是著名的哲学家，著述甚丰。但是到了我们这一代的馆长，管理者多，亦不乏优秀的管理者，但真学者，真读书、懂书的也实在不能称多，哪里还有资格谈读书？但是临近4·23，来不及请名家了，我没办法推托，只好厚着脸皮讲了一次《读书与人生》，主要还是介绍一下古人的读书心得，效果还好。今天则是我关于读书的第二讲。

在座的许多人都是大学或研究生毕业的高才生，虽然不能说你们已经读了一辈子书，但是你们工作之前基本上都在学校里，从小学到中学，再到大学，读硕士，读博士，可以化用李白的一句话来说，快要“白发死章句”了，当然你们还不到白发的时候。面对这样的听众，给你们讲读书，会让许多人觉得这好像有点不太正常。还有，你们当中的一些人和我一样是图书馆的馆员，是坐拥书城之人，每天我们接触到的就是书。在这样的一个地方我们再谈读书，好像有点不合时宜。那么，我谈谈我到图书馆后的感受。我从大学到图书馆工作已经很多年了。这期间，我感觉到读书对我们来说实在是太艰难了，读书并不是一件很容易的事情。即使是我们图书馆人，读书也不是一件容易的事情。可以这样说，我们很多图书馆员只知书皮不知书里，只读书皮不读书里。为什么呀？工作太紧张了，压力太大了。而且社会对我们读书的干扰也太大。关于读书有各种奇奇怪怪的理论，奇奇怪怪的说法，奇奇怪怪的组织，奇奇怪怪的活动。这些是促进了我们的读书，还是促退了我们的读书？我说不清楚，我自己也没有完全想清楚。今天如果大家请梁任公、蔡元培和任继愈先生来讲，也许关于读书的一些问题会说得更清楚。但是很遗憾，谁也请不来他们了，只好我来滥竽充数，也是硬着头皮来，厚着脸皮讲，主要是介绍前人的读书经验与体会，不敢谈个人心得，和各位交流一下，希望和大家有个互动。所以我可能讲的时间要短一点，如果大家有兴趣的话，也可以发表一下意见。

一、从青年读什么书说开去

这也是自古以来就有人发问，有人回答，又有人就回答而嘲讽的事儿。著名教育家、翻译了亚米契斯（1846—1908）《爱的教育》的夏丏尊先生在给中学生讲读书问题时就说："青年人应该读些什么书？这是一个从古以来的大问题，对于这问题从古就有许多人发表过许多议论。"

（《阅读什么》，《夏丏尊教育名篇》，教育科学出版社2007年版，第136页）“两耳不闻窗外事，一心只读圣贤书”，这是古人开的书单。曾国藩主张“须熟读小学及五种遗规之书”（《养正遗规》、《教女遗规》、《训俗遗规》、《从政遗规》、《在官法戒录》）。清末民国时期也有开书单的，如担任过两广总督、内阁学士的张之洞给学生写了《书目答问》。

在上面所引的夏丏尊文章中有这样一段话：“近十年来这问题（读什么书）也着实热闹，有好几位先生替青年开过书目单，其中比较有名的是梁启超先生和胡适之先生所开的单子。”此事原委如下：1924年12月5日始，孙伏园主持《京报副刊》编务，次年的元月4日，在《京报副刊》登出广告，征求10部青年爱读书、10部青年必读书：“（一）青年爱读书十部——是希望全国青年各将平时最爱读的书，无论是哪一种性质或哪一个方面只要是书便得，写出十部来填入本报第七版所附券内，剪寄北京琉璃厂小沙土园京报副刊部收。如果举不到十部，则十部以下亦可。但希望不要出十部以外。一月二十五日截止，二月一日起在本刊上宣布征求结果。（二）青年必读书十部——是由本刊备券投寄海内外名流学者，询问他们究竟今日青年有哪些书是非读不可的。本刊记者耳目容所未周，热心学术诸君如有开列书单赐下者更所欢迎，二月五日截止，二月十日起逐日在本刊上宣布征求结果。”1月4日，汪震写信给孙伏园：“不明了的地方就是‘青年’，你所谓的青年是指的哪一个时期的青年呢？”在1月6日，孙伏园又登了一份声明说明此次活动：“我的本意，‘青年爱读书’是希望全国的中学生大学生和大中学生年龄相近的人投票，‘青年必读书’是希望热心教育的学问家著述家和全国的中学教员投票的。所以我的青年定义非常简单，就是中学第一年和大学末年级的年龄以内或相近的人。但是年近六十的老青年的投票也并不拒绝，好在票上有年岁的一项，这个观念在无论哪一个教员的脑筋里大概都有罢。而且或者已经时时对他们的学生说过罢。现在我就想把他们各家的意见汇集起来，使全国的青年学习知道。‘必读书’与‘爱读书’，在从前旧教育制度之下，一定是冲突的，现在不知怎样。我所以同时征求，希望将来求得的结果，能给全国的教育家和青年们作一参考。”

此项活动，前后共收回78份答卷，胡适、梁启超、梁实秋、周作人都开有书单。胡适是第一个发表所开书单的人，1925年2月11日，《京报副刊》发表了他开的书单：《老子》（王弼注）、《墨子》（孙诒让《墨子间诂》）、王充的《论衡》、崔述的《崔东壁遗书》，另有西文书五种。2月12日发表了梁启超开的书单：《孟子》、《荀子》、《左传》、《汉书》、《后汉书》、《资治通鉴》（或《通鉴纪事本末》）、《通志二十略》、王阳明《传习录》、《唐宋诗醇》、《词综》。附注云："三项标准：一，修养资助；二，历史及掌故常识；三，文学兴味。近人著作外国著作不在此数。"2月14日，发表周作人开列的书单：《诗经》、《史记》、《西游》、汉译《旧约》（文学部分）、严译《社会通诠》、威斯德玛克《道德观念之起源与发达》、凯本德《爱的成年》、色耳凡德思《吉柯德先生》、斯威夫德《格里佛旅行记》、法兰西《伊壁鸠鲁的园》。2月15日，发表李小峰开列的书单：杜威的《我们如何思想》或王星拱的《科学方法论》、摩尔的《伦理学》、吴稚晖的《上下古今谈》、马尔文的《欧洲哲学史》、胡适的《中国哲学史大纲》（未出版的中下卷在内）、爱尔乌特的《社会学及现代社会问题》、达尔文的《种源论》、周作人的《自己的园地》、吕诸士的《人与自然》、司托泼司的《结婚的爱》。另有附注："以上十种书，是中学程度以上的青年，或升入大学，或为社会服务，要做一个思想和人格健全的国民所必读之书，我以为。"总之，赞成者中，开的书五花八门。

当然也有反对的，如鲁迅在1925年2月21日给《京报副刊》交了一份白卷，他说："从来没有留心过，所以现在说不出。"这样说也可以交代。既然没留心，就不必回复。但是鲁迅实则有其深意在，他对前面诸位开的书单是有看法的，认为这些以中国古代经史为主的书单，无益于青年改造社会，因此又加了附注："我要趁这机会，略说自己的经验，以供若干读者的参考——我看中国书时，总觉得就沉静下去，与实人生离开；读外国——除了印度——书时，往往就与人生接触，想做点事。中国书中虽有劝人入世的话，也多是僵尸的乐观；外国书即便是颓唐和厌世的，但却是活人的颓唐和厌世。以为要少——或者竟不——看中国书，多看外国书。少看中国书，其结果不过不能作文而已。但现在的青年最要紧的是'行'，不是'言'。只要是活人，不能作文算什么大不了的事呢。"他在《读书杂谈》中说："我常被询问：要弄文学，应该看什么书？这实在是一个极难回答的问题。先前也曾有几位先生给青年开过一大篇书目。但从我看来，这是没有什么用处的，因为我觉得那都是开书目的先生自己想要看或者未必想要看的书目。我以为倘要弄旧的呢，倒不如姑且靠着张之洞的《书目答问》去摸门径去。倘是新的，研究文学，则自己先看看各种的小本子，如本间久雄的《新文学概论》，厨川白村的《苦闷的象征》，瓦浪斯基们的《苏俄的文艺论战》之类，然后自己再想想，再博览下去。”（《而已集》）这里边就考虑到了阅读是一个个人性很强的行为，开书单的学者更多的是根据自己所熟悉或感兴趣的领域，因此并不适合所有的人，任何人开的书目都不具有普适性。

也有半反对的，如徐志摩。1925年2月16日，也就是发表胡适书单后的第五天，他在写给孙伏园的信《再来跑一趟野马》中说：“介绍——谈何容易！介绍一个朋友，介绍一部书，介绍一件喜事——一样的负责任，一样的不容易讨好。”他讲：惠尔思（1866—1946，英国作家、历史学家，著有《时间机器》）先生应《京报》记者的征信，开了10部名著，第一第二是《新旧约书》，第三《大学》，第四《可兰经》。这些与我们青年人有什么相干？“惠尔思的书单还没开全早就叫你一句话踢跑了。”徐志摩又讲：“我想起了胡适之博士定下的那一本书目，我也曾经大胆看过一遍。惭愧，十本书里至少有九本是我不认识它的，碰巧那天我在他那里，他问我定的好不好，我吞了一口唾液，点点头说不错。我是顶佩服胡先生的，关于别的事我也很听他的话的，但如果他要我照他定的书目用功，那就叫我生吞铁弹了！”尽管如此说，他还是列出了使他平生受益最深的书：《庄子》十四五篇、《史记》小半部、柏拉图《共和国》、卢梭《忏悔录》、歌德《浮士德》前半部、陀思妥耶夫斯基《罪与罚》、哈代《无名的裘德》、尼采《悲剧的诞生》、佩特《文艺复兴》、乔治·亨利·刘易斯《歌德评传》等。也就是认为，每个人应该有他适用或获益的读书目录，比如他获益最大的几部书，却没有人人都适用的书。

其实书单确实难开，主要原因就是人的阅读是一种个人性的行为。人的读书目的有不同，读书不一样，自然所求的书就不同，同时不同地域、不同人群读的书也会有所不同，开列出大家都认可的书很难。

由此可见，读书是很个人性的行为。

我这样说，肯定有人马上反对，可以提出许多反驳的意见。现在不是在讲学习型社会吗？过去不在搞读书运动吗？既然是社会行为，既然是运动，怎能说是个人性的行为呢？还有读书也需要交流啊，你们国家图书馆不是在搞文津读书沙龙吗？现在的各种讲坛不也是读书的一种形式吗？是啊，是啊，正是有了这些种种与读书看似相关而又不相关的社会读书运动，我才要讲读书的个人性。

我讲读书是个人性的行为，首先表现在读书的趣味上。如同我们吃饭，南甜北咸、东辣西酸，嗜好是很不一样的。即使是一家子，你喜欢清淡，我喜欢口味重些，你爱吃饺子，我爱吃面条。北京人爱吃炸酱面，我青海的一个朋友就说，那实在既没营养，也不好吃。读书也是如此。白菜萝卜各有所爱。老舍说他不喜欢《三字经》、《百家姓》，恨不得杀了写书的人，但是近年的中央台讲《三字经》却很火。我的学生很喜欢张爱玲的小说，我有时就读不下去。所以林语堂在《生活的艺术》一书中讲："读书也正与吃东西一样，甲的甘肥也许便是乙的毒药。在读书上，一个教员不能强迫他的学生爱其所爱，一个父母也不能期望他的子女有他们同样的旨趣。如果一个对于他所读的书没有兴趣，那么一切东西都是白费的。正如袁中郎所说：'若不快意，便置之，俟他人，或别有独契者自去读。’”

正因为每个人的趣味有不同，所以对书的选择性极强，并且能否找到与自己趣味相投的书，也会直接影响到读书的实际效果。林语堂就把寻找到适合自己的书，比喻为寻找爱人，这对我们颇有启发。他说：“在古代与现代作家中，一个人必须要找到一个其神意与自己的神意相会合的作家。只有如此，我们才能获得读书的真正的好处。一个人必须要毫无依赖地独自去搜寻他的大作家。究竟谁是所爱好的作家，这问题没有一个人能回答，也许连那本人自己也无法回答。这正如一见倾心的情形一样。……这样发现作家的情形事实上很多，往往有的学者们彼此所生的时代不同，相隔有万年，但他们的思绪及感觉却十分相似，以致他们从书页间彼此神会，犹如一个人发现了自己的影子一样。用中国的语法说起来，这种意合神会便被称之为同一灵魂的转世，如苏东坡自称是庄子或陶渊明的转世，袁中郎则被称为苏东坡的转世。”“只有这种读书，这种发现一个人所爱好的作家，才会于人有好处。正如一个人在一见时就爱上了他的情人，一切都觉得合意，她有合意的身材，合意的脸，合意的发饰，合意的声音，以及合意的一言一笑。这种作家并不是一个青年需要他的教师指点的，这作家只是合他的意，合他的风格、动作、见解，以及思想，一切都合。于是这个读者便进而聚精会神在这作家所写的每一行每一字上。又因为有一种意神的会合，所以他能吸收一切，自然消化一切。那作家在他身上有了一种魔力，他也高兴处在魔力中，渐渐地他的声音笑貌，一言一动，都成了那读者自己的，这样他便真正倾心于他的这文字爱人，而从这些书中寻找着精神的养料。过了几年，那魔力消退了，他对于这个爱人有点感到厌倦，又去寻找新的文字爱人。到他有过了三四个爱人，把他们完全吞化了之后，他自己也成为一个作家了。”（《生活的艺术》，东北大学出版社1994年版，第353页）

而徐志摩则把读书比作个人探险：“再说念书也是一种冒险，什么是冒险？除了凭你自己的力量与胆量到不曾去过的地方去找出一个新境界来。真爱探险真敢冒险的朋友们永远不去请教向导：他们用不着；好奇的精神便是他们的指南。念书要先生就比如游历请向导，稳当是稳当了，意味可也就平淡了，结果先生愈有良心，向导愈尽责任，你得到好处的机会愈小。”（《再来跑一趟野马》）其实这样的话杜威也说过，他说读书是一种探险，如探新大陆，如征新土壤。弗朗西斯·培根也说，读书是灵魂的壮游，随时可以发现名山巨川，古迹名胜，深林幽谷，奇花异卉。林氏的找情人和徐氏的探险说，说到了读书的一个重要问题，即读书在于发现。一是发现适合自己的作家，二是发现适合自己的文本，三是从书中发现美，发现事物的道理，而这如果形之于笔墨，就是对作品美和真理的揭示，就是创造了。

其实林语堂所说的寻找与个人气味相投的作家和图书，是个人读书的很高境界，已经达到了所谓读书艺术的境地。因为要寻找，就要多涉猎，就要博览。而一旦找到后，又要集中精力阅读，这实际上就是读书的由博到约的过程。而一段时间内保持对一个作家一类书的衷情，又可以维护高涨的读书热情，甚至发展到与作家进行心灵的交流、思想的碰撞与交锋。而一旦到了这个阶段，读书已经进入到最高阶段，即集中思考问题，研究问题，开始把书本的知识化到自己的头脑，融入到个人知识谱系。

个人的读书趣味，对于文明的社会十分重要，如果一个社会大家都只读一本书或几本书，如同“文化大革命”时候只演八个样板戏，试想那又是如何情景？大家面目相同，气质相同，看谁都似曾相识，社会就变得面目模糊了。

读书的个人性还表现为读书的习惯。书的类别、读书的时间、读书的场地，都会因人而异。就书的类别而言，蔡元培偏于训诂和哲理类的书，梁漱溟则习惯于报刊，茅盾习惯于小说，如《三国》、《水浒》、《三个火枪手》、《战争与和平》。论时间，有的人习惯于白天读书，有的人却偏习惯于半夜读书，黑白颠倒。讲场所，有的人喜欢独处，躲在自己的房间读书；有的人却喜欢去人多的场合即公共场所阅读。比如有许多人就习惯于在图书馆读书，他认为那里有读书的气场。有的人甚至喜欢在如厕时读书。欧阳修《归田录》就讲过许多个人的读书习惯："钱思公（惟演）虽生长富贵，而少所嗜好。在西洛时，尝语僚属，言平生惟好读书，坐则读经史，卧则读小说，上厕则阅小词，盖未尝顷刻释卷也。谢希深（绛）亦言宋公垂（绶）同在史院，每走厕，必挟书以往，讽诵之声琅然，闻于远近，其笃学如此。余谓希深曰：余平生所作文章，多在三上，乃马上、枕上、厕上也。"厕所读书写文章，看起来不太雅，但是对于个人来说乃是习惯如此，并没有什么不雅或不妥。亨利·米勒也说过："我最好的阅读经验都是在厕所窝里发生的。”他一度承认：“《尤利西斯》里面的一些段落只可以在厕所里阅读——假如读者想要撷取其内容的完整的味道的话。”普鲁斯特也认为这个比较特别与比较粗俗的小小房间，对于他来说，是“需有一种不可亵渎的孤独才能进行的活动：阅读，幻想，悲伤与感官的愉悦”的适当地点。那么，为什么众多的读者，包括很多名流喜欢在厕所和床上读书呢？这就讲到了读书的一个十分重要的特征，读书是一种私密性的活动，读者需要有私密性的空间。阿尔维托·曼古埃尔《阅读史》说法国的女作家克莱特（1873－1954）：“终其成人生活，克莱特一直在寻找这种孤单的阅读空间。不管是在婚姻中或独身，不管在小小的庭院居所或是在大别墅中，在租来的套房或在宽敞公寓中，她会隔开一个区域（但并非总是得以如愿），唯有的闯入者会是那些她自己所邀请的人。现在，她在这自己的床窝中伸展四肢，双手紧捧着珍爱的书，把它架在肚子上，她不只建立了自己的空间，还有自己计量时间的方式。”（《阅读史》，商务印书馆2002年版，第184页）当然，读者选择场地读书则可，非得要大家在一个时间、一个地点集中学习，效果一定不理想，因此也不宜提倡。读书尤其怕运动，尤其怕拉必读书单。最近中华书局出了一本《月读》小书，叫干部经典读本，一是是否每月必读？那要看这个人这月有无时间，没时间，我可能两月不读，有时间，也可能天天读，没必要月读。至于读什么，前面讲了全看个人的兴趣。书中首列名人名言，我从来就不看名人名言的。里边有毛泽东的名言："饭可以一日不吃，觉可以一日不睡，书不可以一日不读。"这显然与黄庭坚说的一日不读书就觉面目可憎异曲同工，都在强调读书对于人的不可或缺，而且毛泽东确实也是如此做了。他在延安时说过这样的话："如果再过十年我就死了，那么我就一定要学习九年零三百五十九天。"（《毛泽东的读书生涯和政治实践》，《光明日报》2009年7月11日第5版）但是在我看来大部分人不适用，因为我们不是毛泽东。早在1936年，林语堂就讽刺说：现在青年的保姆太多了，良医太多了，教训他们，禁止读这个，鼓励读那个，普天之下，莫非保姆，莫非良医。其原因即在于读书是个人性很强的事，他读什么，最好听他的，你开的书单也许适合你自己，却未必适合别人。

我讲读书是个人性的行为，还有一个原因，就是读书需要沉潜，需要静心，需要个人的体味与思考。孔子说：“学而不思则罔。”读书与思考是二位一体的。交流是必要的，讨论是必要的，袁中郎（宏道）读到徐文长（渭）的文章，兴奋得大声读，而且和身边的朋友一块儿读，这就是交流。读到好书，叫朋友们一块分享，袁宏道的学友们领了情，然而却也未必都领情，都欣赏。更何况交流可以，分享可以，但是却不能代替个人的思考与体味。所以在我看来，读书最好个人读，不要组成什么团什么社。一旦组成什么团和社，那就不是读书了，或者已经借读书之名，行其他目的之实。还有，有了问题，最好自己解决，查工具书，查其他相关书，不要动辄请教老师，或者找人，渐渐变成习惯于吃现成饭的懒人，而懒人则是读书十足的天敌。

现在社会上兴起讲座之风，有的人成了讲座的铁拥趸，天天听，天天跟着跑。我看这也值得商量，尤其是以为听了讲座就等于读书了，那就更是错误的认识。且不说现在的讲座良莠不齐，譬如今天在下的讲座，如果不是单位组织，不来不可，难为了大家，完全可以不听。现在许多高校办了这样那样的讲座，包括一些很有名头的大学，搞所谓的大师班大师讲座，你可千万不要轻易信他，大师的后面多半有一个跟班的——赵公元帅。

正因为读书是个人化的行为，所以，读书的关键是找到读书的动力。

二、个人兴趣是读书的关键

今天我们对于读书，可以说是从上到下，从下到上，都十分重视，建立学习型社会、学习型政党，已经成为国策。之所以如此，是看到了读书之于一个民族和一个国家的重要意义。任继愈先生在世时，经常讲犹太人，他说："1901—1973年，诺贝尔奖获得者有411人，犹太人占65人，占得奖人数的15.8%；犹太民族还出现了斯宾诺莎、海涅、马克思、爱因斯坦、弗洛伊德、基辛格等很多名人。全世界人口60亿，犹太人只占世界人口的0.3%，却取得了这么大的成就，与这个民族的奋发好胜、努力求知有很大关系。……成立于1948年的以色列，国土小，处在沙漠包围之中，水源奇缺，却发展成为世界二十个最发达国家之一。"以色列之所以能国力强盛，这个民族之所以历经劫难而不死，靠的就是对教育的重视与科技立国的策略，得益于这个民族爱读书。所以，读书对于一个国家、一个民族至为重要。

国家和社会大力倡导读书，同时也反映了另一个问题，那就是读书人越来越少，社会读书率逐年下滑，厌倦读书、不肯读书已经成为社会问题。我这里有个数据，是中国出版科学研究所全国国民阅读抽样调查的数据：

国民阅读率：

年份	阅读率
1999年	60.4%
2001年	54.2%
2003年	51.7%
2005年	51.3%
2008年	52.45%

国民每年每人阅读量（2008年）：

国民	阅读量
犹太人	64本
美国人	50本
日本人	18本
法国人	11本
中国人	4.7本

其实这不是一个新问题，而是一个老问题，甚至可以说是一个历史问题。厌倦读书、拒斥读书，自古有之，自古

就是家庭和社会问题，所以在《论语》中，第一篇就是《学而》，孔夫子一上来就讲："学而时习之，不亦说乎？"这是劝学呀。为什么要劝学呢？从中是否可以见出当时有人甚至有相当一部分人认为学习不快乐，认为读书痛苦，才有了孔子这句著名的反问，才有了这位"教师"对于学习的循循善诱？孔子的弟子尽管多是贤人，不是说弟子三千，贤人七十二吗？但是也有不爱读书的人，或者说好读书的不太多，《论语·雍也》记载："哀公问：'弟子孰为好学？'孔子对曰：'有颜回者好学，不迁怒，不贰过，不幸短命死矣。今也则亡，未闻好学者也。'"在孔子看来，只有一个学生好学，却又早死。另外《论语》中还记载了不好学的典型：宰予。大白天正是读书的好时光，他却躺在床上睡大觉，孔子很生他的气，说他是"朽木不可雕也"。到了战国时期的荀子，写了有名的《劝学篇》。"劝"者何也？鼓励也，提倡也，就是现在上上下下大家都说的倡导读书，全篇贯穿的一个核心意思就是冰心说的读书好、好读书、读好书。因此我就想，荀子为什么要劝学呢？荀子当时肯定有讨厌读书的人、不重视读书的人，而且形成了一种风气，引起了这位大儒的关注。

再看看民国时期。今天社会倡导读书，上个世纪的二三十年代，也搞过所谓的读书运动，搞过所谓的读书救国。那也是读书遇到了危机。

由上可见，读书难、难读书是个老问题，一个历史问题。

那么是什么原因造成了我们不愿读书，造成社会读书率的连年下滑？我过去分析原因时，关注点在当今社会节奏快、没时间读书，还有就是多媒体的发达。但是，想想看，以上两点是理由，但又不成其为理由。现在社会节奏的确加快了，尤其是北京、上海、广州这样的大城市，但不能说就是不读书的决定性原因。请问不管节奏如何快，你看不看电视？恐怕都会看吧。还有媒体发达，也不是主要原因。现在我们也知道了，古代没有电视，没有网络，因此也谈不上冲击，但仍然存在读书危机。可见媒体多分散了人们读书的注意力，不是主要原因。

主要原因在哪呢？在于没动力。那么动力从哪来呢？这就回到了一个人人都知道的读书目的问题。人为什么读书？即读书的重要意义何在？读书需要动力，这种动力一般来说来自两个方面，一是功利。“万般皆下品，唯有读书高”。为什么高？因为读书是敲开荣华富贵大门的砖头。宋真宗《励学篇》可为代表："富家不用买良田，书中自有千钟粟；安居不用架高堂，书中自有黄金屋；出门莫恨无人随，书中车马多如簇；娶妻莫恨无良媒，书中自有颜如玉。男儿欲遂平生志，六经勤向床前读。"房子、车子和美妻，这在古代得来不容易，今天同样不容易。住在北京的人都深有体会，一个大学毕业生留在北京，除了到著名的国企、私企和外企去工作，或者是在国家机关做公务员，熬上若干年，可以轮得上由国管局分配经济适用房，如果到事业单位，比如到国家图书馆这样的事业单位工作，要想安家有自己的房子住，非二三十年不可，那时你想娶美女也只能是老美女了。宋真宗说得很简单，读书可以使人荣华富贵。这虽然有点俗，却也是大实话。今天所说的为了职务、职业等等，都属于这个范围。

另外一方面是虚的，属于精神的层面，宋代大作家黄庭坚的话可为代表，他说了："士三日不读，则其言无味，其容可憎。"林语堂1932年12月8日在复旦大学演讲时引了黄庭坚的话，解释说："他的意思，当然是说读书可以使人可爱而有味。这便是读书的整个目的，也只有以这为目的的读书才称为一种艺术。"林语堂又说："黄山谷所说的可憎，也并不是指容貌的丑陋……这种脸并不是用粉与胭脂所装成，而是用深刻的思想力所装成的。”“所谓面目可憎，不可作面孔不漂亮解，因为并非不能奉承人家，排出笑脸，所以‘可憎’；胁肩谄媚，面孔漂亮，便是‘可爱’。若欲求美男子小白脸，尽可于跑狗场、跳舞场，及政府衙门中求之。有漂亮面孔、说漂亮话的政客，未必面貌不可憎。读书与面孔漂亮没有关系，因为书籍并不是雪花膏，读了便会增加你的容辉。所以面目可憎不可憎，在你如何看法。有人看人专看脸蛋，凡有鹅脸柳眉皓齿朱唇都叫做美人。但是识趣的人如李笠翁看美人专看风韵，笠翁所谓三分容貌有姿态等于六七分，六七分容貌乏姿态等于三四分。有人面目平常，然而谈起话来，使你觉得可爱；也有满脸脂粉的摩登伽，洋囡囡，做花瓶，做客厅装饰甚好，但一与交谈，风韵全无，便觉索然无味。黄山谷所谓面目可憎不可憎亦只是指读书人之议论风采说法。……章太炎脸孔虽不漂亮，王国维虽有一辫子，但是他们是有风韵的，不是语言无味面目可憎的，简直可认为可爱的。”(1933年2月《申报月刊》3卷2期。后面一段话收入《大荒集》，见人民文学出版社1988年版，第183－184页)读书为什么使人可爱起来呢，所谓“腹有诗书‘面’自华”了呢，就是因为“书是人类所有经验的总仓库”（叶圣陶语），他通过书籍，上与古人为友，也与不曾谋面的外国人、今人交友，与他们对话，与他们交流，吸收他们的思想成果，打破了他个人知识、视野的局限，增强了思想力。这实际上是讲读书可以改变人的精神气质。读书目的有很多，只此宋代君臣的一虚一实、大雅与大俗的概括就很全面了。俞平伯讲：“讲到读书的意义，于扩充知识以外兼可涵泳性情，修持道德，原不仅为功名富贵做敲门砖。即为功名富贵，依目下的情形，似乎不必定要读书，更无须借光圣经贤传，甚至于愈读书愈穷。”

而在这二者中，最根本的动力，我以为是精神的需要。这是我们读书兴趣形成的根本原因。而兴趣才是根本的动力，久长的动力之源。英国小说家、戏剧家毛姆（1874—1965）说：“有些名著是著名批评家们一致公认的，文学史家们也长篇累牍地予以论述，但现在的一般读者却没有时间、也没有兴趣去读了。它们对文学研究者来说是重要的，只是随着时间和兴趣的转移，它们原来的诱人之处已不再诱人，所以现在要读它们，是很需要有点毅力，也需要花一番功夫的。举例说吧：我读过乔治·爱略特的《亚当·比德》，但我没法从心底里说，我读这本书是种享受。我读它多半是出于一种责任心，坚持读完后，才不由得松了口气。关于这类书，我不想说什么。每个人自己就是最好的批评家。不管学者们怎么评价一本书，不管他们怎样异口同声地竭力颂扬，除非这本书使你感兴趣，否则它就与你毫不相干。别忘了批评家也会出错，批评史上许多明显的错误都出自著名批评家之手。你在读，你就是你所读的书的最后评判者，其价值如何就由你定。这道理同样适用于我向你推荐的书。我们各人的口味不可能完全一样，只是大致相同而已。因此，如果认为合我口味的书也一定合你的口味，那是毫无根据的。不过，我读了这些书后，觉得心里充实了许多，要是没读的话，恐怕我就不是今天的我了。所以我对你说，如果你或者别人看了我在这里写的，于是便去读我推荐的书而读不下去的话，那就把它放下。既然它不能使你觉得是一种享受，那它对你就毫无用处。没有一个人有这样的义务，一定要读诗歌、小说或者任何纯文学作品（纯文学，法语是belles-lettres，我不知道英语怎么说，恐怕没这个词）。他只是为了一种乐趣才去读这些东西的。谁又能要求，使某人觉得有趣的东西，别人

也一定要觉得有趣？”（《毛姆读书随笔》，上海三联书店1999年版，第4－5页）

古人虽多为功名而读书，但也有明白人反对这样的读书态度。清人陆世仪《思辨录》云：“读书不绝干禄念头，终无得处，亦终无乐处。”

林语堂反对为了功利读书。他说：“读书本是一种心灵的活动，向来算为清高。‘万般皆下品，唯有读书高。’所以读书向称为雅事乐事。但是现在雅事乐事已经不雅不乐了。今人读书，或为取资格，得学位，在男为娶美女，在女为嫁贤婿；或为做老爷，踢屁股；或为求爵禄，刮地皮；或为做走狗，拟宣言……诸如此类，都是借读书之名，取利禄之实，皆非读书本旨。”他还反对为增长学识而读书，极力主张为兴趣读书，他说：“一个人读书并不是为了增长学识的，因为他如果一想起要增长学识，那么所有的读书的乐趣都完全失败了。”他说：“在中国，人们常常鼓励学生们要苦读。有一个著名的学者（苏秦）从事苦读，在夜间读书时瞌睡了便以锥刺股。又有一个学者他在夜间读书时，叫一个使女站在一旁，见他瞌睡时便唤醒他。这是不通的。如果一个人在面前展开了一本书，当那古代的圣贤在对他说话时他却睡了，他便应该上床去睡，以锥刺股或命使女来唤醒他，是对他一点好处也没有的。这种人对于读书已完全没有了乐趣。一个有价值的学者是从不知道所谓的砥磨或苦读的，他们只是爱书、读书，为了他们自己感到有乐趣。”杨卫玉《读书与兴趣》一文说：“现在一般人的读书，大概都有一种目的，分析起来，有为觉世济民的，有为功名利禄的，有为应用的，有为修养的，有为欣赏的，有为学业的。表面看起来，似乎都有正当充分的理由，一言以蔽之，他们的读书都是‘有所为’而读的。吾以为‘有所为’而读书，不是真读书，是以读书为工具、为手段而用以达其别种目的。等于学生为毕业证书而求学，著作家为版权而著书，当然也有例外，但是至少一部分人等到目的达到，就把工具搁置了。这样的读书至多在智识方面增加一些资料，去读书之真义很远。真学问者为学问而学问，真读书者也应为读书而读书，也就是‘无所为’而读书。凡做事‘无所为’而为的，必对于其事有深切之了解，浓厚之兴趣。有‘终生以之’的决心，有‘不可须臾离也’的情绪，那么可以达到成功之境，并且可以使他生活愉快而富于意义。小孩子为游戏而游戏，虽汗流浃背，还是‘乐此不疲’，假使上了学为分数而做体操，他的情绪就不是这样了，读书也是如此。假如为了什么而读书，达到目的以后，对于读书的兴趣要渐渐地淡了，达不到目的，也要渐渐地灰心起来了。因此吾以为读书不应该夹杂其他目的，若是问为什么要读书，就答他为读书而读书。虽然话虽如此，要大家明白这道理也不是容易的，所以唤起读书兴趣，是提倡读书最好的方法。”（胡适等《怎样读书》，同上，第84–85页）所以关键在于唤起读书的兴趣，养成读书的习惯。

习惯要靠养成。分析起来，又有两种类型，一种是本来就没有，也就是从小没有养成。追究起来，这是学校和家长的过。梁启超说：“一个人总要养成读书趣味。打算做专门学者，固然要如此；打算做事业家，也要如此。因为我们在工厂里在公司里在议院里……做完一天的工作出来之后，随时立刻可以得着愉快的伴侣，莫过于书籍，莫便于书籍。但是将来这种愉快得着得不着，大概是在学校时代已经决定，因为必须养成读书习惯，才能尝着读书趣味。人生一世的习惯，出了学校门限，已经铁铸成了，所以在学校中，不读课外书以养成自己自动的读书习惯，这个人简直是自己剥夺自己终身的幸福。”（《治国学杂话》，《读书指南》，中华书局2010年版，第167—168页）对于这种意见我是十分赞同的。人本来就有求知好奇的天性，这就是读书的种子，所谓人人心中自有佛性的。贾宝玉一周岁时，家长在他面前摆了一堆东西叫他挑选，其中就有书，但是他偏偏选了胭脂一类的东西，而未选书，以致使贾政很失望。曹雪芹这样写，是告诉读者，贾宝玉天性叛逆，不喜欢读书。但这是小说，更何况贾宝玉抓东西本身也说明他的天性里就有好奇心，好奇才能求知，求知方得读书，实际看贾宝玉不是不读书，他只是不喜欢读当时的教科书八股文而已，对于《西厢记》之类的杂书，他也是孜孜不倦的，所以好奇也就是读书的种子。但是旧式教育的不当，忽视了阅读兴趣与能力的培养，因此而造成他此后一生失去读书的兴趣，也剥夺了他一生的幸福。教育家、原商务印书馆总经理王云五说：“从根本上说起来，读书的兴趣本来是与生而俱来的。没有一个小孩子不喜欢听神怪的故事，也没有一个小孩子不喜欢玩新奇的玩物，这十足表明人类的好奇性出于天赋。书本里面任何神秘离奇的故事与知识无不有之，因此读书本来最可以满足人类的好奇性……所以愈读书就应该愈有兴趣。顾何以实际上人们并不像那样都喜欢读书，对于读书都有兴趣，甚至还有不少人视读书为苦事，这究竟是什么缘故呢？说一句公道话，许多青年对于读书不感兴趣者，其责任与其说属于青年本身者，毋宁说属于其家长和教师为多。旧式教育强以儿童不能了解的书本，迫令儿童作鹦鹉式的背诵人言，其索然无味自不待言，加以背诵不出便受惩罚，于是便由索然无味而进一步变为苦事。……新式教育从语体文开始，而书本的内容亦不如旧日经史的艰深乏味，宜可以顺儿童的好奇性，而培养其读书的兴趣了。可是由于小学校和中学校的教学多取灌注式，而必修科目又过分繁重，以致绝大多数学生都不能于课外从事自动的研究。久而久之，养成了被动学习的习惯，间又因家长教师对于功课之督责过严，更使儿童们渐渐认为读书只是一种不得不履行的义务，而不是一种出于自动的兴趣，以致优良的学生至多在校中克尽其义务，一离学校，认为义务已尽，遂不复继续为自动的读书。”（《我怎样读书》，辽宁教育出版社2005年版，第68—69页）

另一种是本来也读书的，后来却不想读了，败了胃口。这主要是选读的书不慎，读了不适合的书。老舍讲他个人读书，说：“书的种类有很多，而和我有交情的可很少。”似《三字经》这类的书，“据我看，顶好在判了无期徒刑后去念，反正活着也没多大味儿。这类书可真不少，不知道为什么；也许是犯无期徒刑罪的太多；要不然便是太少——我自己就常想杀些写这类书的人”（1934年12月《太白》第1卷第7期）。这样的书如果硬着头皮读下去，自然会败了胃口，失去读书之乐。幸亏老舍会逃学，免此一劫。萧伯纳说许多英国人终身不看莎士比亚，就是因为幼年教师强迫背诵的恶果。

所以，我以为读书的第一要义是培养读书的兴趣，养成爱读书的习惯，不要把读书当成苦差事。

三、个人读书的方法和路径

读书有没有路径？有没有方法？怎样读书？可用一句话概括，有法，又无法。所谓有法，是说前人在读书时确实积累了许多读书的经验，可供我们参考。读书得法可以提高效率，事半功倍。日本作家鹤见祐辅在《思想·山水·人物》（鲁迅译）中就讲过，人类得殃祸，先前是老病贫死，近来有了别样的算法，将浪费都列入人类之敌了。而对于浪费，过去主要以为是金钱，但是浪费金钱与浪费时间相比，那又是微末的事了。“毁坏我们的幸福者，便是这无益的精神的浪费。”而“读书的事，便是其一”，“因为我们从少年以来，只学得诵读文字之术，却未授我们真的读书法，所以一生之中，徒然的浪费读书的时候也很多”。“在天下，原是有所谓非常的天才的，这样的人们，可以无须什么方法，便通晓书卷的奥义，因此在这样的人们，读书也就没有用。……但这样的话，绝不是我们凡人所当仿效。我们应该一味走那平凡的、安全的路。”因此，读书有无方法，的确也很重要。所谓无法，是讲这些经验对于每个人来说不一定都管用，因为我前面讲了，读书是很个人性的行为，一种方法对胡适有用，对徐志摩可能不管用。对你读专业书有用，读小说等消遣书就没用。而且一旦到了林语堂那样的读书人，他已经化入到读书就是找情人的境界，对他来说，可以用无法即法来形容了。所以，我今天介绍的多是前人，而且是名人的读书路径，只具有一般性的意义，仅供参考而已。

总结前人的读书方法，从大的方面说，只有两路，就是所谓的泛读和精读。英国人培根《论读书》把书分为两类，一为细嚼慢咽的，一为囫囵吞枣的。梁启超说："每日所读之书，最好分两类：一类是精熟的，一类是涉览的；因为我们一面要养成读书心细的习惯，一面要养成读书眼快的习惯。心不细则毫无所得，等于白读；眼不快则时候不够用，不能博搜资料。"（《读书指南》，同上，第170页）胡适也是把读书分为精和博两类。王云五在《漫谈读书》中说："我国向来读书的方法，就速度而言，可分两种：一种为'一目十行'的读书法，就是只得大意，不求甚解的方法，也就是今所谓'略读'的方法；又一种为'读之千遍'的读书法，就是反复阅读，务期体会入神的方法，也就是今所谓'精读'的方法。"（《我怎样读书》，同上，第9页）而冯友兰则把书分为三类，第一类是要精读的，第二类是可以泛读的，第三类是只供翻阅的。

以上两类的划分，依据于书本身和读书的需要。就书本身而言，确有经典与普通书之分，自然对待也不一样。经典宜精读，一般书宜泛读。冯友兰在《我的读书经验》一文说："怎样知道哪些书是值得精读的呢？对于这个问题不必发愁，自古以来，已经有一位最公正的评选家，有许多推荐者向他推荐好书，这个选家就是时间，这些推荐者就是群众。历来的群众把他们认为有价值的书，推荐给时间，时间照着他们的推荐，对于他们认为没有永久价值的书都刷下去了，把那些有永久价值的书流传下来。……现在我们所称为‘经典著作’或‘古典著作’的书都是经过时间考验，流传下来的。这一类的书都是应该精读的书。”（《书林》1983年第1期）这是一般而言。还要看读者的需要和兴趣，读者感兴趣的，即使不是经典，他也可以细细读去，细细品味。不感兴趣的，即使是经典，也可粗粗一翻，知道是什么书就可以了。而如果读者的读书是为了弄清某一个问题，那就无论经典与否，感兴趣与否，都要细读了。我在《读书与人生》中介绍过郭沫若治学的经验：“我存心研究周秦之际的意识形态，我对于诸子周秦的著作便非彻底清算干净不可，管是喜欢它，不喜欢它。不喜欢它，你却得和它接触，由不得你的自由。……韩非子的思想我是极端憎恨的，但为了要研究，我不能不读他的书，而且还须得翻来覆去地读了又读，读得烂熟。”

什么是精读呢？精读就是细读，用心读，读懂、读通直至完全消化了的读。朱熹讲读书，重精读而轻泛览，他在《答沈叔晦》一文中说："与其泛观而博取，不若熟读而精思，得尺吾尺，得寸吾寸，始为不枉用功力耳。"所以读书应"字字句句，不可容易放过，常时暗诵默想，反复研究"（《答黄子耕》）。梁启超说："诸经、诸子、四史、《通鉴》等书，宜入精读之部，每日指定某时刻读他，读时一字不放过，读完一部才读别部，想钞录的随读随钞。"（《读书指南》，同上，第170–171页）陈垣说："要专门读通一些书，这就是专精，也就是深入细致，要求甚解。经部如《论》、《孟》，史部如《史》、《汉》，子部如庄、荀，集部如韩、柳，清代史学家书如《日知录》、《十驾斋养新录》等，必须有几部是自己全部过目、常翻阅的书。一部《论语》才一万三千七百字，一部《孟子》才三万五千四百字，都不够一张报纸字多，可见我们专门读通一些书也并不难。"（《谈谈我的一些读书经验》，《中国青年》1961年第16期）冯友兰说："所谓精读，就是认真地读，扎扎实实地一个字一个字地读。"（《我的读书经验》）

什么是泛读呢？泛读就是随便读，无目的、无用心，快速浏览。梁启超说："另外指出一时刻，随意涉览：觉得有趣，注意细看；觉得无趣，便翻次叶；遇有想钞录的，也俟读完再钞，当时勿窒其机。”王云五说：“就是只得大意，不求甚解的方法”，“即我国所谓一目十行者，实因已有读书经验之人，对于书本所载，一瞥之下便可知其大意”，“在我国向来只是尽速阅读，得其大意，则不必细细推敲”（《我怎样读书》，同上，第11页）。陈垣说：“中国历史资料丰富，浩如烟海，研究的人，不可能也不必要把所有的书都看完，但不能不知道书的概况，有些书只知道书名和作者就可以了，有些书要知道简单的内容。”（《谈谈我的一些读书经验》）冯友兰说的泛读和翻阅，都应在泛读的范围。他说：“所谓泛读，是说可以粗枝大叶地读，只要知道它大概说的是什么就行了。所谓翻阅，是说不要一个字一个字地读，不要一句话一句话地读，也不要一页一页地读，就像看报纸一样，随手一翻，看看大字标题，觉得有兴趣的地方就大略看看，没有兴趣的地方就随手翻过。”（《我的读书经验》）

关于泛读，实在无所谓方法。至于精读，则有方法在。

1.朱线法

鹤见祐辅说：“最通行的方法，就是添朱线。”他介绍说，日本有一著名的读书家新渡户博士，他读过的书就画着各种各样的线，颜色也分红铅笔和蓝铅笔两种，文章好的用红，思想佩服的用蓝。英国的威廉·哈弥尔敦说：“倘能妙用下线，便可以得到领会重要书籍的要领的方法。……即读下之际，胸中也生出一种索引一般的东西来，补助理解，殊不可量度。”鹤见还强调：“要之，据我想来，颜色铅笔的下线或侧线法，是最为普遍底读书法。而在那上面，写上批评，读后先将那感想在脑里一温习，几个月之后，再取那书，单将加上红蓝的线的处所，再来阅读，仿佛也觉得是省时间，见功效的方法。”

2.钞录或笔记

清人李光地说：“凡书，目过口过总不如手过。”梁启超说：“若问读书方法，我想向诸君上一个条陈。这方法是极陈旧的，极笨极麻烦的，然而实在是极必要的。什么方法呢？是钞录或笔记。……读书看见一段资料，觉其有用者，即刻钞下(短的钞全文，长的摘要，记书名卷数叶数)。资料渐渐积得丰富，再用眼光来整理分析他，便成一篇名著。想看这种痕迹，读赵瓯北的《廿二史札记》、陈兰甫的《东塾读书记》，最容易看出来。……发明的最初动机在注意，钞书便是促醒注意及继续保存注意的最好方法。当读一书时，忽然感觉这一段资料可注意，把他钞下，这件资料自然有一微微的印象印入脑中，和滑眼看过不同。经过这一番后，过些时碰着第二个资料和这个有关系的，又把他钞下，那注意便加浓一度。经过几次之后，每翻一书，遇有这项资料，便活跳在纸上，不必劳神费力去找了。这是我多年经验得来的实况，诸君试拿一年工夫去试试，当知我不说谎。”（《读书指南》，同上，第169–170页）

蔡元培说他的读书经验教训：“我的不得法，第二是不能动笔。我的读书，本来抱一种利己主义，就是书里面的短处，我不大去搜寻它，我只注意于我所认为有用的或可爱的材料。这本来不算坏，但是我的坏处，就是我虽读的时候注意于这几点，但往往为速读起见，无暇把这几点摘抄出来，或在书上做一些特别的记号，若是有时候想起来，除了德文书检目特详，尚易检寻外，其他的书，几乎不容易寻到了。……我尝见胡适之先生有一个习惯，出门时常常携一两本线装书，在舟车上或其他忙里偷闲时翻阅，见到有用的材料，就折角或以铅笔作记号。我想他回家后或者尚有摘抄的手续。我记得有一部笔记，说王渔洋读书时，遇有新隽的典故或词句，就用纸条抄出，贴在书斋壁上，时时览读，熟了就揭去，换上新得的，所以他记得很多。这虽是文学上的把戏，但科学上何尝不可以仿作呢？我因从来懒得动笔，所以没有成就。”（《我的读书经验》，胡适等《怎样读书》，同上，第11—12页）

鹤见祐辅说：“其次的方法，是一面读，一面摘录，做成拔萃簿。这是古来学者所广用的方法，有了大著述之类的人，似乎大概是作过拔萃的。听说威尔逊大统领之流，从学生时代起，便已留心做着拔萃。现在英国的大政治家、且是文豪的穆来卿，也这样地说过：‘有一种读书法，是常置备忘录于座右，在阅读之际，将特出的，有味的，富于暗示的，没有间断地写上去。倘要将这便于应用，便分了项目，一一记载。这是造成读书时将思想集中于那文章上，对于文意能得正解的习惯的最好的方法。’

“但于此有反对说，史家吉朋说：‘拔萃之法，决不宜于推赏。当读书之际，自行动笔，虽然确有不但将思想印在纸上，并且印在自己的胸中的效验，但一想到因此而我们所浪费的努力颇为不少，则相除之后，所得者究有多少呢？我不能不很怀疑。’”

鹤见接着说：“我也赞成吉朋的话。因为常写备忘录的努力，很有减少我们读书的兴味，读书变成一种苦工之虑的。不但这样，还会生出没有备忘录，便不能读书的习惯，将读书看作难事。而读书的速率，也大约要减去四分之一。无论从那一方面看，拔萃法总不像很好的办法。”

王云五说：“我认为凡要精读的书，最低限度必须履行两项手续：一是检查字典词典，二是编制卡片。”“关于利用卡片的方法，凡就所读的书，对其内容某一段落认为足供将来参考者，可以卡片列其标题及所见书籍的页数，再将卡片分类排列……英国学者斯宾塞尔氏生平读书治学的方法，极善利用卡片，及其去世，遗下十数万张的卡片皆为心血之所集中……这方法比之我国旧日习惯把读过书籍的重要部分各加密圈，或另行抄录者，其省时便捷实远胜之。”（《我怎样读书》，同上，第9、11页）

胡适说：“读书单靠眼到、口到、心到，还是不够；必须还得自己动动手，才有所得。例如：①标点分段，是要动手的。②翻查字典及参考书，是要动手的。③做读书札记，是要动手的。札记又可分为四类：a.抄录备忘。b.作提要，节要。c.自己记录心得。d.参考诸书，融会贯通，作有系统的著作。吸收进来的智识思想，无论是看书来的，或听讲来的，都只是模糊零碎，都算不得我们自己的东西。自己必须做一番手到的工夫，或做提要，或做说明，或做讨论，自己重新组织过，申叙过，用自己的语言记述过——那种智识思想方才可算是你自己的了。”（《怎样读书》，同上，第22页）

王力说：“其次，要摘要作笔记。现在人们喜欢在书的旁边圈点，表示重要，这很好，但是还不够，最好把重要的地方抄下来，这有什么好处呢？张之洞《书目答问》中有一句话很重要，他说：‘读书不知要领，劳而无功。’一本书，什么地方重要，什么地方不重要，你看不出来，那就劳而无功，你白念了。现在有些人念书能把有用的东西吸收进去，有的人并没有吸收进去，看了就都忘了。为什么？因为他就知道看，不知道什么地方是好的，什么地方是最重要的，最精彩的，即张之洞所谓的要领，他不知道，这个书就白念了。有些人就知道死记硬背，背得很多，背下来有没有用处呢？也还是没有用处。这叫劳而无功。有些人并不死记硬背，有些地方甚至马马虎虎就看过去了，但念到重要的地方，他就一点不放过，把它记下来。所以，读书要摘要作笔记。”（《谈谈怎样读书》，《文化名家谈读书》，京华出版社2007年版，第84–85页）

3.熟读或背诵

“旧书不厌百回读，熟读深思子自知。”朱熹讲：“大抵观书先须熟读，使其言皆若出于吾之口；继以精思，使其意皆若出于吾之心，然后可以有得也尔。”“所以记不得，说不去，心下若存若亡，皆是不精不熟之患。”顾炎武在《日知录》中总结他的读书经验：“愚自少读书，有所得辄记之。”梁启超给学生开书单子《国学入门书要目及其读法》有多处写道：“希望熟读成诵。”即反复读，直至背下来。这也是很重要的读书方法。鹤见祐辅说：“因为拔萃势必至于照自己写，往往和原文的意义会有不同。再读则不但没有这流弊，且有初读时未曾看出的原文的真意，这才获得的利益。尤其是含蓄深奥的书籍，愈是反复地看，主旨也愈加见得分明。”朱光潜说：“读书并不在多，最重要的是选得精，读得彻底，与其读十部无关轻重的书，不如以读十部书的时间和精力去读一部真正值得读的书。与其十部书都只能泛览一遍，不如一部书精读十遍。”（《谈修养》，同上，第90页）毛泽东读《共产党宣言》不下百遍，在四个时间段阅读过《资本论》，《红楼梦》读了十几遍，即是熟读的典型。

如今，计算机技术的运用，所谓的以朱线勾勒重点的方法、做笔记的方法都可以靠计算机来完成了，电脑甚至可以代替大脑来记忆读过的书籍。不过，电脑虽然可以代替人脑积累文献、记住重点，帮助人们从事研究工作；然而仅就读书而言，笔录重点、熟读或背诵读过的文章，仍是电脑无法代替的学习方法。

4.疑书法

孟子讲，尽信书则无书。宋儒张载认为，读书先要会疑，"于不疑处有疑，方是进矣"，"在可疑而不可疑者，不曾学。学则须疑"（《张载集·经学理窟》）。朱熹说："读书，始读未知有疑，其次则渐渐有疑，中则节节是疑。过了这一番后，疑渐渐解，以至融会贯通，都无所疑，方始是学。"（《朱子语类》）明代学者陈献章说："学贵知疑，大疑则大进，小疑则小进。疑者，觉悟之机也。"（《白沙语要》）叶圣陶总结读书有三种态度，一种是绝对信从的态度，凡是书上说的话都是天经地义。一种是批判的态度，用现实来检验，凡是对现实生活有益处的，取它，否则就不取。又一种是随随便便的态度。

疑书，说到底，就是不做书的奴隶，用中国哲人孔子的话说，是要做到读书与思考相结合；用西哲伽达默尔的理论讲，是读者与书能够达到平等的交流与对话。读书要学会分析与判断，善于思考，如此才能做到扬清激浊，取其精华，去其糟粕。而不似古人所讥刺的那样，书读得很多，却食而不化，变成四脚的书橱。对于疑书一法，王云五有极好的阐释，述之以备参考：

“由此可见所谓怀疑，实在是用心的别称。换句话说，就是对所读的书，就其所提倡的理论与方法，认真思考，不是无条件接受。如认为不当，也不要轻易武断。须知著书立说之人，固然不是超人，至少也下过一番苦工，尤其是古人著书视同名山事业，不像近人之轻易着笔。如果从表面上看来有不妥当处，读者须考虑作者所处的时代与背景，并悬想假使作者生于现代，处于现在的环境，是否亦同此主张。如此用过一番心思，才可作公允的评断也。

“苏格兰学者嘉勒尔（Thomas Carlyle）曾说过：‘我若像他人读那么多的书，我也要像他一样无学问。’这就是说读书而不用心思考，虽多无益。英国文豪马可黎（Macauley）的记忆力极强，过目成诵；因此能够写作许多堂皇的历史和传记，但是后人也有说他的优点便是他的缺点，即由于记忆力太好，很容易掇拾他人的言论，自己思考的习惯不免有所疏忽，以致缺乏创造力；故虽成为一位卓越的历史家与文学家，却不能以他的聪明才智发展而为一位思想家。这又是说不多用心之弊。

“以上是说怀疑的意义，至于真个发见书中有可疑之处，则析疑的工作万不可少。析疑之道，除利用种种工具书外，尤须旁征博考同类的著作，互相印证。例如关于史书中所记某一史事发生的年月，如确有可疑，则当参考其他史书笔记；设此一史事的关系人有年谱，或其同时代之人有年谱者，能取以对照，倘公私记载皆同，则疑团可释；若有不同，再以旁证较多而更合逻辑者为定。”（《我怎样读书》，同上，第59页）

顺从天性，激发好奇

——关于儿童阅读的一个观点

接受了这个演讲任务后，我一直在问自己，有没有资格来讲少儿阅读，有没有能力讲好少儿阅读这个问题？我问自己，你做过幼儿园老师吗？没有。你做过小学老师吗？没有。做过中学老师吗？没有。我是老师，但是我面对的是已经成年的大学生和研究生。我过去的工作也基本与少儿无关。近些年的图书馆工作虽然与少儿阅读有关，但是我个人却关注不够，或者更直白点儿说，基本没有关注。近几年由于国家图书馆有了少儿馆，与少儿阅读有了密切关系，但是很惭愧，我并未对少儿阅读问题有过什么研究。所以，照以上说来，我是没有资格谈少儿阅读问题的，我相信在座的也会怀疑此人能否讲好这个题目。不仅如此，我一直认为少儿阅读是一个极为重要的问题，也是一个颇为复杂的问题，非有一定的研究，不敢在此领域置一喙。我今天之所以斗胆来讲少儿阅读，一是学会秘书处不断地督促，同时也在不断地提醒，不能不讲；第二是我也有过少年阅读的经验，有一些个人的体会；再者，古今中外有一些经典作家，在他们的著作中谈过他们儿童时的阅读经验，有些作家和学者或比较深地研究过少儿阅读的问题，都足可供我借鉴；当然更重要的是关于儿童阅读，我通过近些年的观察，有些看法要说。在这里，我想就儿童阅读问题，讲一个观点、一个老掉牙的观点：我们的儿童阅读，要顺从儿童天性，保护并激发儿童的好奇。

一、儿童阅读的重要性及其误区

儿童阅读之于儿童的重要，我们似乎已经没有再强调再讨论的必要。我们的社会，我们的学校，我们的家长已经调动起极大的热情、充足的干劲，来抓儿童阅读。看看家长对儿童阅读的重视吧，当孩子还没出生时，就已经有了胎教。梅子涵主张聆听也是阅读（《中国儿童阅读6人谈》，新蕾出版社2008年版，第21页），我们年轻的妈妈也许不知道这个理论，但是她们却早已在那里实践聆听就是阅读的理论了，而且是讲给未出生的孩子。还有我们的幼儿园、我们的小学有各种各样的读书班，我们的图书市场有五花八门的掏家长口袋的关于读书的书，我们的专家有各家各派的儿童阅读理论。关于儿童阅读重要意义的言论不是太少，而是太多太滥了。现在有一个与儿童阅读有关的非常时髦而且最容易打动人的口号："不能让孩子输在起跑线上。"阅读也就成为儿童智力早期开发的重要内容。抱有很高希望的人，希望早期智力的开发能够培养出一个天才；而一般的家长，则希望自己的孩子不至于输在起跑线上。但是这起跑线在哪里呢？在小学？不是。在幼儿园？也不是。在娘胎里。所以我一直十分固执甚至偏激地认为，以现在这样极为短视和极为功利的社会环境，对儿童阅读越是重视，越是关注，给儿童带来的压力越大，造成的危害也越大。不过理智地看，中国现在关于儿童阅读重要性的认识，不是理论太多了，而是受大的社会环境的影响，染上了浓烈的功利色彩，缺乏正确的儿童阅读理论作为引导。我们看一下美国阅读专家崔利斯颇有影响的阅读公式：当你读的书越多，你就越聪明，你在学校待的时间就越长，获取的文凭也会越多、越高，将来你找到的工作就会越好，得到的钱也就越多（引自阿甲《让孩子爱上阅读的N个理由》，《儿童阅读100个关键问题》，北京出版社2006年版）。这个公式很清楚：读N多书＝获N多文凭＝赚N多钱。这样的理论在中国颇有市场，也确实代表了中国家长和学校的看法。我们再来看看中国研究者的认识："许多教育者指出，今日儿童未来在社会上获得生存的最大保障就是通过阅读培养发展终身学习的能力，知道如何利用各种阅读机会更新、深化和充实自己的知识，并把知识转变为推动个人与社会发展的强大动力。"（王文静、罗良《阅读与儿童发展》，华东师大出版社2010年版，第109页）这里所强调的是儿童阅读对于未来在社会上获得生存、推动个人发展的保障，表面看是没有什么问题的，但是在获得生存的目的背后，隐含的则是在残酷的生存竞争中活下来，而且是更好地活下来。这实际上就是崔利斯理论的翻版。在这样一些人的认识中，儿童阅读之所以重要就是能让孩子从小就具备在未来的学校以及社会竞争的优势，成龙成凤。因此我们的孩子一出生就被绑架了，被家长和社会投到残酷的竞技场中，如斯巴达克斯被投入与狮子对面的困兽场中，做你死我活的拼杀。

浏览儿童阅读的理论中关于儿童阅读重要性的论述，儿童阅读确实对一个人一生的成长至为重要。儿童时期的阅读，关乎一个人一生的读书习惯、读书兴趣和能力。美国当代著名心理学家、教育家，芝加哥大学教授本杰明·布鲁姆认为：若人17岁时智力达到的水平为100%的话，那么儿童在4岁时，就已经达到了50%，8岁时达到80%。剩下的20%是在8—17岁时增加的。这一假设当然还有待科学的进一步论证，但是却充分说明儿童时期是智力生成的关键时期。而另一项研究成果则表明，人的知识有80%来自阅读，“阅读是最直接有效的学习途径”（王文静、罗良《阅读与儿童发展》，同上，第109页）。前苏联教育家苏霍姆林斯基指出，如果孩子从儿童时代就没有养成对书的喜爱，如果阅读没有成为他一生的精神需要，那么到了少年时期，他的心灵就会空虚，似乎不知从哪儿来的坏东西就蓦地出现在他身上（《育人三部曲》，人民教育出版社1998年版，第215页）。美国著名心理学家玛丽安娜·沃尔夫认为，人在十四岁以前的阅读体验对其一生的成长至为重要，人生此后的历程不过是其十四岁前阅读体验的展开。

正因为儿童阅读对儿童的成长如此重要，因此引起各国对儿童阅读的重视。1992年，英国在世界上首次实施“阅读起跑线计划”，专门为学龄前儿童提供阅读指导服务，目的是让每一个英国儿童都能够在早期阅读中受益，并享受到阅读的乐趣，培养他们终身对阅读的爱好。此项目由英国发起后，陆续有日本、韩国、泰国、澳大利亚、美国、智利、意大利、墨西哥、波兰、南非、印度等国参加（陈永刚《阅读从娃娃抓起》，《图书馆理论与实践》2008年第1期）。“在欧洲一些国家的幼儿园，阅读课程占到总课程量的80%以上，每天晚上睡前进行的亲子共读活动，已经成为大多数欧美中产阶级家庭的日常生活习惯。”（王文静、罗良《阅读与儿童发展》，同上，第7页）而在我国，教育部2001年颁布的《幼儿园教育实施指导纲要（试行）》中也明确把培养儿童的阅读兴趣作为目标，指出：要“培养幼儿对生活中常见的简单标记和文字符号的兴趣”，“利用图书、绘画和其他多种方式，引发幼儿对书籍、阅读和书写的兴趣，培养前阅读和前书写技能”。

但是，关于儿童阅读的理论还存在着一些误区或者尚需探讨的问题，实践中还存在一些偏差。其中一个突出的问题，就是把儿童阅读简单地归为儿童教育，正因为把儿童作为教育的对象，未把儿童作为与成年读者一样的独立的阅读主体，儿童作为特殊阅读主体的地位未能得到与成年读者一样的充分尊重。这就直接导致了在开展儿童阅读方面，压抑甚至违背儿童天性，不尊重儿童阅读主体的阅读选择，强行灌输成人的意志。

首先是儿童独立阅读地位的被忽视。作为独立的阅读主体，成人阅读是有其自主性的。读什么，不读什么，成人可以自己选择，他人不可以强迫这个人的阅读选择。即使强迫，这个人可以反抗。儿童则没有这个力量，读与不读，读什么和不读什么，孩子没有选择的权利，只能逆来顺受。因此，常常是儿童成为大人——或家长，或老师，或社会的傀儡。知堂老人在《读书论》一文中讲过，当时的文字之域，十分芜杂，庸劣书恶书甚多，“试观近世之作，十九皆是”。但是作为成人读者，可以不随其大流。“欲救其弊，不读之法最为切要，是在独立主见，不妄读书。”（1914年11月刊《绍兴教育杂志》1期）不管别人怎样忽悠，怎样诱导，我坚持我个人的主见，不去读它。周作人读私塾时，所学的主要是圣贤之书，即四书五经，以及“时文”，就是八股文。因为“中国向来认为儿童只应该念那经书的，以外并不给预备一点东西，让他们自己去挣扎，止那精神上的饥饿，机会好一点的，偶尔从文字堆中——正如在秽土堆中捡煤核的一样——掘出一点什么来，聊以充饥，实在是很可怜的”（1923年6月21日《晨报副镌》）。周作人就属于机会好一点儿的。他的祖父，是同治时的翰林，他教孩子，第一步的方法，是教人自由读书，尤其是奖励读小说，认为读小说最能使人“通”，通了以后，再去弄别的东西便无所不可了。他推荐给孩子读的小说是《西游记》、《镜花缘》、《儒林外史》，而这些也正是孩子所喜欢的，所以周作人在童年时读了许多小说。周作人是运气好，遇上了开明的祖父，但是一般的孩子就没有那么好运了。在上个世纪20年代他们想读什么，不想读什么，是没有权利的。即使在今天，儿童的阅读权利也没有被尊重。当然，儿童与成人阅读还是有区别的。成年人心智已经成熟，因此他们读书的权利已经完全独立。但是儿童处于心智未成熟期，他们的阅读是应该得到大人辅导的。但是辅导不是越俎代庖，不是剥夺阅读选择的权利，而是告诉他们，哪些读物现在还不适宜他们阅读，即所谓的少儿不宜，譬如血腥暴力的作品，譬如表现男女性爱的作品，譬如语言粗俗的作品等。

其次是把阅读与教育等同起来。我们都知道，读书有教育人的功效，但是教育不是阅读的唯一目的。不仅如此，对于读者而言，他们读书，有的有着明确的受教育、求知识的目的；有的并不是如此，不是为了受到教育、求取知识而读书，而是为了消遣娱乐读书，或者没有任何目的，读书本身就是目的。总之成人读书的目的是多元的，因而也应该是自由的。但是，由于我们的教育和生理科学都证明，儿童时期是智力开发的关键时期，如本杰明·布鲁姆所说的：人的智力在少年儿童时，就已经成熟。因此，如何开发儿童的智力，也就成为教育界和家长共同的努力。而阅读，自然也就成为开发儿童智力的重要手段。在教育界最明显的例证就是把儿童阅读作为识字的手段。幼儿园是如此，小学更是如此。这种观念给儿童阅读带来的直接冲击，就是儿童阅读的变味儿，使阅读带有了极为强烈的功利目的和功利色彩。把学校内与学校外的阅读都变成了使儿童受教育的课堂。

第三，以上两种倾向又直接导致了第三种倾向，那就是忽视了儿童的天性，忽视了儿童的兴趣所在，忽视了儿童不同阶段精神成长的特点，成人想当然安排或干预儿童生活和儿童阅读，使快乐阅读变成了痛苦的阅读，甚至成为痛苦的差事。

二、儿童的天性与儿童成长

那么儿童的天性是什么呢？我注意到一种观点认为，阅读是人的一种本能。在《中国儿童阅读6人谈》里，一开篇，梅子涵就讲了这样一个观点："阅读渴望应该属于人性自身安排好的，而不是谁给人类的，这种渴望和能力当一个人在母体里的时候，也许就已经存在了。"朱自强同意这一观点："我觉得梅老师提出的这个话题，其实在西方学界越来越成为一种主流的东西。比如说对语言的研究，麻省理工学院的平克就认为，语言是一种本能。其实就像语言一样，阅读也是一种本能。"（第3页）当然也有人不完全赞同这种意见。阿甲说："阅读可能来自本能，但是对于

‘阅读本身就是本能’的说法，我觉得也许太强烈了一些。如果说广义上的阅读是一种本能，我倒是同意的。比如说，我们会很亲密地去跟外界接触，以前，农民除了用眼睛看天之外，他还会用手去感触，如果这些都属于阅读的话，我认为这就是本能。”（第9页）

我个人并不赞同梅子涵和朱自强关于阅读就是人的本能的说法。梅子涵和朱自强所说的类似于语言的阅读能力，实则是人类在其漫长的进化过程中，通过语言和阅读的实践，人类进化成的“阅读脑”。如玛丽安娜·沃尔夫所说：“它是由大脑中很多最精妙的‘原始部件’组成的，比如语言、记忆、基本认知以及视觉。随着时间的推移，我们会在‘阅读通路’中增加更为复杂的认知特点，并会对推理、类比推理、情绪反应及发明创造产生影响。这些后加入的部分就是我所说的专家级阅读脑的‘深入阅读’能力，它是今天我们所知的许多阅读科学的基础。”（《普鲁斯特与乌贼》，中国人民大学出版社2012年版，《中文版序》）确切地说是阅读的生理和心理能力，而非本能或曰天性。我常常拿《红楼梦》中贾宝玉抓周的故事说明这个道理。贾宝玉一岁时抓周，在众多的东西中，贾宝玉一手抓了脂粉钗环，可能说明性是人的本能。他独独不抓书，说明阅读的渴望不是先天的，而是后天的养成。在阅读的后面应该还有决定阅读的人的天性。

那么，儿童的本能或曰天性都有哪些呢？自然有诸多。孟子曰："食色，性也。"他认为食色男女是人的本性。上千年来，人们是认可这个看法的。我个人认为，与阅读相关的儿童的天性有两个，一个是自由的天性，一个是好奇的天性。

自由是人的天性。早在古希腊时期，亚里士多德就提出："人本自由。"（《形而上学》，商务印书馆2009年版，第6页）卢梭说："人天生是自由的。""放弃自由就是放弃一个人的人性。"（《社会契约论》，中国社会科学出版社2009年版，第3页）黑格尔也认为，人的精神是自由的，自由是人的本质。爱因斯坦在讨论到"自由与科学"时说："内心的自由是大自然的馈赠，也是个人追求的一个目标，社会不该干涉它的发展。"（《爱因斯坦自述》，陕西师范大学出版社2010年版，第248页）也就是认为自由是人与生俱来的天性。因此，人类要想物质生活和精神生活得到改进，就必需"外在的自由和内心的自由同时发展和完善”。科学进步和发展，其“先决条件是知识分子拥有言论自由和教学自由”。人的精神的发展，则需要内心的自由，“既不受权威和社会偏见的束缚，也不受世俗习俗的束缚”。因此爱因斯坦强调：“我们要杜绝学校通过权威影响青年人内心自由的发展；另一方面，学校应该鼓励学生独立思考。”（同上，第247－248页）从以上经典作家的论述来看，自由是人的本性。

自由而不愿受人拘束，也是孩子的天性。我们常常把孩子来到世上的第一声啼哭看作是人对世界的第一声宣告：我来了。其实这是成人的一厢情愿的想象。在我看来这是孩子对束缚了他自由的外在世界的第一声抗议。他习惯了在母体内的生活，而他的出生却改变了他的生活习惯，出生时的压迫给他造成了不适；他人给他包上的襁褓，限制了他的自由，因此他以哭来抗议这个世界。其实孩子的哭无非来自两个本能：饿了哭，冷了哭，生病了哭，这是对身体不适的抗议。玩被制止，哭；行为被限制，哭；这是对限制了精神自由的抗议。因此不愿受到束缚，追求自由乃是儿童的天性。而这种天性恰恰是儿童健康成长的内在要求，是儿童要自主成长、做自己主人的潜在愿望。在儿童的成长过程中，自由的天性是上帝或曰大自然为儿童健康成长提供的先天条件。儿童时期是儿童的身体和智力同时发展长成的时期，保护好儿童的自由天性，可以使儿童的身体不受任何限制，健康协调地成长；保护好儿童的自由天性，也可以使其心智得到自由自在的全面发展。儿童心理学家认为，保护好儿童的自由天性至为重要。在儿童时期，大人对儿童的行为过多地干预，制止他不能干这个，不能看那个，会严重挫伤儿童的自信心，使儿童产生严重的挫折感，并且给他一生的信心带来阴影。基于以上原因，成人在处理与儿童的关系时，能否尊重和保护儿童的自主权，使儿童拥有个体活动与发展的自由，对儿童成长的影响甚大。

从《爱因斯坦自述》一书中我们看到，爱因斯坦总结他在中学和大学的学习时，最深的感受就是他遇到了两所崇尚自由精神的学校。一所是阿劳州立中学。1895年，爱因斯坦16岁时随父母来到苏黎世。想上苏黎世联邦工业大学，但是没有考上，他接受了阿耳宾·赫尔措格校长的提议，到阿劳州立中学上学，用一年时间补习漏学的课程。这所中学与德国中学六年学习相比，学校崇尚自由精神给他留下深刻印象。德国中学没有自己的个性，而阿劳州立中学的教育是自由和自我约束的。正是在这所中学，他开始了“同狭义相对论有关的理想实验”。另一所是苏黎世工业大学。1896－1900年，爱因斯坦在这所大学的师范系学习。那时，爱因斯坦“还不是一个好学生，我做不到好学生的标准：要遵守秩序，老师讲课时要做笔记，然后自觉地去做作业；人们所教给你的那些东西，你要不惜一切代价学好；必须有能力去轻快地理解你所学的东西。可惜的是，我发现上述的这些条件自己一件也做不到。为此我老有一种负疚感”。但是，“在这个自由自在的学习环境里，我以极大的兴趣去听某些课，我依然不是一个好学生，只能让自己学一些感兴趣的东西，与此同时，我不感兴趣的很多课程也都漏掉了。在家里，我以极大的热情学习理论物理学，这样做平衡了我的内心，减轻了我的负疚感，我依然保持着原有的习惯：广泛地自学”（《1955年的自述》，同上，第10－11页）。当然，在瑞士，爱因斯坦也得应付考试。“为了应付考试，即使不愿意，也得把所有这些废物记住。在通过最后的考试以后，有整整一年的时间，我对科学问题失去了兴趣，这都是强迫学习的结果。不过说句公道话，和其他许多地方相比，我们在瑞士的学习好得多，这种令人窒息的强制少多了。在瑞士，人们只要愿意，就可以做自己想要做的任何事情。但有两次考试除外。这让人们有了选择的自由，可以选择自己喜欢的科目……正是这样，研究问题的神圣好奇心才得以保留了下来。因为现代的教学方法就像一株脆弱不堪的幼苗，除了鼓励，更需要自由；只有自由才能挽救它，使它不至于过早夭折。”（《1946年的自述》，同上，第7页）

爱因斯坦虽然是个天才，但是他的成长却具有普遍性。爱因斯坦的成长经历告诉我们，自由对于少年的成长有多么重要。自由保障了他自由探索科学研究的兴趣，不至于埋没在听课、背诵和考试的强迫之中；自由也使他研究问题的好奇心保留下来，不至于夭折。孩子的内心世界是极为广阔极为丰富的，远非成人所能想象到的。他们对世界、尤其是没有经历过的未知世界，充满了强烈的探求渴望。而刻板的教育则夺去了孩子探索的权利，权威和强迫的制度挤压了孩子探求问题的愿望。因此只有自由才会为儿童向未知世界的探求提供广阔的空间。爱因斯坦的成长经验对于我们的教育实在具有挑战性，帮助我们反思强迫性和划一性教育给学生个性带来的戕害。

法国著名哲学家和教育学家卢梭是人性自由的提倡者，他认为："放弃自由，就是放弃他作为人的权利，同样也是放弃了自己的义务。"（《社会契约论》，第3页）因此对于儿童教育，卢梭是自然教育论者。这种理论的实质就是主张顺从儿童的天性来对儿童实施教育。他反对过早地给儿童灌输知识，而是强调首先锻炼他们的体魄。他在《爱弥儿》中说："大自然希望儿童在成人以前就要像儿童的样子。如果我们打乱了这个次序，我们就会造成一些早熟的果实，它们长得既不丰满也不甜美，而且很快就会腐烂：我们将造成年纪轻轻的博士和老态龙钟的儿童。儿童是有他特有的看法和感情的；如果想用我们的看法、想法和感情去代替他们的看法、想法和感情，那简直是最愚蠢的事情。"（商务印书馆1978年版，第90页）所谓"大自然希望儿童在成人以前就要像儿童的样子"，就是要保持儿童的童真，就是尊重儿童的天性，不做揠苗助长的事。这同我们当代的儿童教育真是截然相反。我们现在的儿童教育，恰恰是完全不顾儿童的阶段性成长规律，在幼儿园上完小学的课程，小学时上完中学的课程，中学开始学习大学的课程，把所有阶段的学习一律前移。其结果就是造成一些早熟的果子，老态龙钟的儿童。“如果你不首先培养活泼的儿童，你就决不能教出聪明的人来。”（同上，第139页）这就是卢梭的忠告。

过去的理论，更多的是注意到了自由对儿童智力成长的重要；其实尊重和保障儿童的自由天性，对儿童的人格塑造也十分重要。在儿童时期就顺应其天性，培养起儿童自由的精神，可以使儿童即使到了成人时期，仍能够保持独立的精神气质和人格个性。因此爱因斯坦说：“学校应当发展青年人为社会服务的才能，同时要保护学生的个性，不能将个人变成像一只蜜蜂或蚂蚁那样的一种工具。因为一个没有个性和个人意愿组成的社会，将是一个不可能发展的不幸的社会。相反地，学校应当培养有独立行动和独立思考的个人。”（《爱因斯坦自述》，第77页）我常常反思中国传统的教育。周室东迁之后，官学下移，私学兴起，中国的教育出现了少有的百花齐放、百家争鸣的开放时期。我们看看孔子与学生教与学的关系，教学内容既有旧的六艺“礼、乐、射、御、书、数”，又有新的六艺“《诗》、《书》、《礼》、《乐》、《易》、《春秋》”。而教学方法，那是现在都很少做到的讨论式教学。大家你一言、我一语，由此才有了《论语》。正是由于这种教育，春秋战国时期才涌现出一大批思想家以及影响整个中国古代社会的社会哲学思想如儒道墨法等。自汉代以明经取士之后，中国的教育就始终围绕着学习经书而展开。汉代是五经，唐代是九经，宋代以后又加入了四书。学习的方法就是强制儿童背诵经书。这种鹦鹉学舌式的读经方法，对儿童的自由天性是极具摧残性的。这在清代小说《儒林外史》和五四时期的文学作品中有充分的反映。而鲁迅所揭示的中国人的国民性中的奴才相和奴才性格，就是这种泯灭自由天性的产物。春秋战国时期，百家争鸣，思想极为活跃。但是自汉代以后就极为罕见，我认为这不能不与中国的教育泯灭了儿童的天性有关。

除了爱自由，好奇也是儿童的天性。爱因斯坦说："好奇心深深地存在于人的本性中。"（《爱因斯坦自述》，第77页）而这也正是爱因斯坦探索外部世界的源泉。他说："有一个不可知的世界在我们之外存在着，它的存在并不取决于我们人类的主观意愿。尽管它是一个高深而永恒的谜，但值得庆幸的是，我们人类至少可以部分地用观察和思维触及到它。这个世界深具魅力，有如争取自由、得到解放一样，吸引我们的凝视深思。”（同上，第3页）对于科学家而言，他最为欣赏的也是这种对世界好奇的、探索不已的精神。1916年，爱因斯坦在悼念奥地利著名物理学家、心理学家和哲学家恩斯特·马赫时说：“他是如此强烈地喜爱观察和理解事物，以至于他在年老的时候，没有什么要求，只愿以孩子般好奇的眼睛继续窥视着这个世界，他能从中得到乐趣。”（同上，第192页）苏霍姆林斯基说：求知欲，好奇心——这是人的永恒的不可改变的特性。孩子从一出生，所面对的就是一个陌生的世界，因此他睁开的就是一双好奇的眼睛，渴望了解一切，是孩子的本能。儿童的好奇心最初表现为婴儿对外界的探究性反射。随着儿童面对新鲜的事物或者神秘的事物，探究性反射逐渐演变为自然产生的感官、行为和语言的探究行为。这种好奇的探究行为是儿童了解世界的本能，或曰天性。赫尔岑在《往事与随想》中说：“孩子们的敏感往往是大人想象不到的，他们在惊讶之余立即释然，暂时忘记了，然而会一再想起它，特别是一切神秘或可怕的事，他们总会以惊人的毅力和机灵探听个水落石出。”（人民文学出版社1993年版，第18页）其实人类学习的内在动因就来自好奇心，发现与创造的心理动因来自好奇，而阅读的根本动因也来自好奇。经典作家多认为，好奇心是人类获取知识和发明创造的内在动力。弗朗西斯·培根说：知识是一种快乐，而好奇则是知识的萌芽。法朗士说：好奇心造就了科学家和诗人。爱因斯坦说：好奇心是科学工作者产生无穷毅力和耐心的源泉。

因此，成人教育儿童，或者在与儿童的交往中，如何能够保持并且激发儿童的好奇心，对于儿童的成长至为重要。同爱因斯坦一样，美国的传奇人物乔布斯在上小学和中学时，也不是一个传统意义上的好学生，他不喜欢权威，不愿意服从，但是他对未知充满了好奇。乔布斯的养父是一名工程师，小时候乔布斯周围的父辈们大都研究的是很酷的东西，比如太阳能光伏电池和雷达等，对此乔布斯充满了好奇，经常向他们问这问那。而学校的教育从来就是千篇一律，不关注孩子的好奇心，课程引不起孩子的兴趣，“在学校的最初几年我觉得很无聊，所以我就不断惹麻烦”（沃尔特·艾萨克森《史蒂夫·乔布斯传》，中信出版社2011年版，第11页）。“我有个叫里克费伦蒂诺的好朋友，我们会惹上各种各样的麻烦。比如我们会制作小海报，上面写着‘带宠物上学日’。那太疯狂了，到处都能看到狗撵猫。老师们都气疯了。”还有一次，他们设法让别的孩子说出自己自行车锁的密码，“然后我们跑出去把所有的锁都调换了位置，没人能骑走自己的车。他们直到那天晚上才解决了问题”。到他三年级的时候，恶作剧开始有了一点危险的成分，“有一次，我们在老师瑟曼夫人的椅子下面点燃了炸药，她吓得都抽搐了”（同上）。因此，乔布斯在读完三年级之前，有两三次被送回家。“他们几乎都要制服我了，差一点儿他们就把我身上所有的好奇心都赶走了。”所幸的是乔布斯遇上了好父母和一位好老师。所谓的好，就是顺从孩子的天性，并加以引导。乔布斯的父母保罗和克拉拉知道他是一个聪明而非常任性的孩子，“他们愿意竭尽全力适应他，给他特别的对待”（同上，第11页）。当乔布斯被送回家后，他的父亲知道责任在学校，学校没有激发起他的学习兴趣，而是让他去背一些没用的东西，所以他的父亲以平静而有力的态度向学校表明，这不是孩子的错，“如果你提不起他的兴趣，那是你的错”。一位好老师是他四年级时的老师伊莫金·希尔，被乔布斯称为“我生命中的圣人之一”。她在观察了乔布斯数周之后，意识到最好的办法是奖励他。于是有一天放学，希尔老师给了乔布斯一本练习册，上面都是数学题，要他带回家把题目解出来，如果大部分做对了，就给他一只大大的棒棒糖，再加5美元。乔布斯用了两天做完题交给了老师。但是几个月后，他就不再要希尔老师的奖励了，他只想学习和让老师高兴。其实希尔老师采取的不仅仅是奖励的办法，而是根据乔布斯的聪明而又好奇的个性，采取了激发他好奇心和好胜心的策略，由此而收到奇效。卢梭说得好：“好奇心只要有很好的引导，就能成为孩子寻求知识的动力。”（《爱弥儿》，同上，第215–216页）苏霍姆林斯基说：“学校的重要任务——培养学生成为具有好奇的创造性的和不断探求精神的人。”（《育人三部曲》，同上，第154页）希尔老师正是这样做的。

三、儿童天性与图书馆的儿童阅读推广

我们之所以用了很大篇幅来讨论儿童的天性问题，就是要提醒图书馆在少儿的阅读推广中，要留意儿童的天性

问题，并且一切活动以此为依据，尊重儿童的权利，顺从儿童的天性，保护儿童的自由，激发儿童的好奇，把图书馆办成儿童的乐园。近些年来，全国各地的公共图书馆和中国图书馆学会青少年阅读推广委员会，在探索少年儿童阅读理论与实践方面做了大量有成效的工作。如2009年湖南少儿馆组织进行的《全国少年儿童阅读调查报告》，2012年中国图书馆学会青少年阅读推广委员会基于2012图书馆年会分主题编的《播撒阅读种子，守望少儿幸福——青少年阅读推广理论与实践》论文集，等等。这些都在社会上引起很好的反响。此次召开的未成年人阅读推广会议，又是对少儿阅读推广的一次有力推动。基于对儿童天性的认识，我个人认为图书馆在未成年人阅读推广活动中，应该注意这样一些问题，提四点建议，可以概括为两要、两不要。先讲两不要。

不要把图书馆办成第二课堂。现在，我经常看到这样的说法或者广告：图书馆是儿童的第二课堂。我认为这是一个令人望而生畏的口号，尤其是令儿童望而生畏、望而却步的口号。理由有二：

其一，教育是图书馆的功能之一，不是唯一。图书馆的儿童阅读，有其教育儿童的效果，但不是它的唯一目的，甚至可以说不是它的主要目的。在图书馆，儿童读书与其说是为了知识的获取，倒不如说是在书的熏陶中，不知不觉爱上了阅读，产生了阅读的兴趣，养成了阅读的习惯。所以我们不能比照学校来办少儿图书馆，把图书馆作为学校的补充。应该保持图书馆独立的品性。那就是每一个人都是独立的读者，儿童也不例外。在这里，我们会满足儿童获得知识的渴望，但是我们不是似学校那样为了使儿童获得知识而阅读。因为诸多名家就阅读发表过意见，那就是反对功利的阅读，尤其是林语堂在《生活的艺术》第十二章《文化的享受》中谈读书的艺术时，特别强调："一个人并不是为了要使心智进步而读书，因为读书之时如怀着这个念头，则读书的一切乐趣便完全丧失了。"1934年12月26日在复旦大学演讲时又说："一个人读书并不是为了增长学识的，因为他如果一想起要增长学识，那么所有的读书的乐趣都完全失败了。"（《大荒集》，生活书店1934年版）我们仔细体会一下阅读的渴望和为了知识而阅读，是有很大区别的，那就是前者是出于孩子自发的阅读愿望，带有充沛的阅读动力；而为了知识而阅读，则功利目的明显，或者是出于理性的考虑，或者是被动使然。就儿童而言，更多的则是后者，即被动的读书。这在学校，如果老师不能似乔布斯的父亲所说的那样，能够调动起孩子获取知识的兴趣，为了完成教学任务，就只能走强制的道路，其结果就是如乔布斯所说的好奇心的泯灭，以及阅读自由的剥夺。图书馆没有学校的教学任务，因此也没必要督促孩子为了知识而被动阅读。由此亦可看出图书馆与学校在阅读方面的区别所在。

其二，由于我们现代的教育，走上了一条追求升学的不归之路，迷失了育人方向，在学校里，少儿变成了考试的机器，儿童的天性遭到了严重的摧残。学生从内心讨厌、憎恶课堂，提起课堂，学生就充满畏惧，所以我们再给他们建一个第二课堂，家长和老师自然欢迎，但不会得到孩子的欢迎。

不要充当儿童的导师。好为人师，这是我们的传统。但是在图书馆，我认为馆员和读者之间的关系是平等的关系。我一贯的观点，既不希望读者是高高在上的上帝，也不希望馆员是上帝，即使对儿童也是如此。当然，对于学龄前儿童，由于他们还没有鉴别和判断的能力，我们可以做适当的辅导，告诉儿童读者读书的一些方法，曼古埃尔在《阅读史》中说：“大声朗读，静默朗读，能够将储存着所记文字的亲密图书馆镌于心中，这是我们借着不确定的方法所取得的惊人的能力。但是，在得以取得这些能力之前，读者需要学习识别社会所选出来沟通的共同符号的基本技巧：换句话说，读者必须学会阅读。”（商务印书馆2002年版，第85页）学龄前儿童自然属于学习阅读年龄，即使是小学初年级学生也处于这样的阅读阶段。当然指导学习阅读的主要场所是学校，图书馆也应做辅导工作。但是不能过多地指手画脚，像导师和家长一样干预阅读，应该看这个，不应该看那个，等等。对于有了一定阅读能力的儿童读者，比如8岁以上的儿童，我认为应该提供的是服务，而不是辅导。有了一定阅读能力的儿童读者，往往喜欢自由阅读。

要把少儿图书馆建成儿童图书乐园。顺应儿童的自由天性，适应儿童出于好奇心的广泛阅读兴趣，做好少儿图书馆或少儿阅览室的图书配置。为了不把图书馆建成第二课堂，在图书采购方面，我认为应该尽量避免或者不配置教材、教辅类图书。现在在市场上充斥着变相的教辅类图书，以及所谓的益智、启智类图书，充斥着大量的类似数字资源库，比如快快乐乐学英语、轻轻松松学数学，等等。对于这类图书和资源库，要慎重选择。我曾经在我馆的少儿馆数字资源库购买的审批文上批过，孩子已经在学校不堪其负，我们不能再加重孩子的负担。现在教育部正在制定全国各级各类学校考试综合改革方案，就在8月2－8日期间，国家教育咨询委员还在讨论这个方案。方案的主导思想就是坚决把现在社会上的应试教育通过考试改革，扭转为素质教育，切实把中小学学生的负担减下来。图书馆只能成为促进孩子自由健康快乐成长的乐园，不应成为当代应试教育的工具。而这些都要在图书设置上体现出来。

儿童读者同成年读者一样，是由不同的个体所组成的，儿童图书馆或阅览室的图书，必须广泛而丰富，以满足儿童阅读的需要。在这里，儿童应该找到学校找不到的图书；在这里，儿童应该读到家庭读不到的图书。只有这样，图书馆才能满足儿童自由阅读的需要，才能满足儿童的好奇心，才会受到儿童的欢迎，成为儿童流连忘返的地方、儿童的读书乐园。

要做儿童的好伙伴。卢梭说：“我认为，一个孩子的教师应该是年轻的，而且，一个聪慧的人能够多么年轻就多么年轻。如果可能的话，我希望他本人就是孩子，希望他能够成为他的学生的伙伴，在分享他的欢乐的过程中赢得他的信任。”（《爱弥儿》，第30页）从卢梭关于孩子教师选择的意见中，可以得到这样的启示，要想取得儿童的信任，就要与儿童平等相处。所谓好伙伴，就是强调馆员要与孩子平等相处，取得孩子的信任。儿童在不同年龄段，阅读的方式会有不同，对阅读要求的环境也不同，因此图书馆应该根据不同年龄段的儿童读者，扮演好不同的角色。玛丽安娜·沃尔夫在《普鲁斯特与乌贼》一书中，把阅读分为五个阶段：萌芽级阅读者、初级阅读者、解码级阅读者、流畅级阅读者和专家级阅读者（第110页），儿童阅读就分布在从萌芽到流畅阅读的四个阶段。

借鉴沃尔夫的分类，一般而言，学龄前的儿童，即6岁之前的儿童，多以个人的感官来感知世界，并且开始尝试通过图画、文字阅读。按照梅子涵的说法，这也是阅读的话，应该属于阅读的萌芽阶段。在这一阶段，儿童最感兴趣也是最主要的阅读方式就是听故事，这是儿童满足其好奇心，了解外在世界的重要形式。赫尔岑《往事与随想》

记载了这样一段故事："'喂，薇拉阿尔达莫诺夫娜，再给我讲一遍吧，法国佬是怎么进莫斯科的？'我躺在小床上常常这么说。'咳，还讲什么呀，已经听过多少回了，况且也该睡了。''您就讲一点吧，比如，您怎么知道……噢，开头是怎样的？''开头是这样的。'"（第2页）"你再给我讲一遍吧"，"开头是这样的"正是儿童听故事的常态。儿童时的故事，对于儿童的成长有很大影响。法国著名作家维克多·雨果在6岁时随着他的父亲——拿破仑麾下的一名将军来到西班牙，住在帝皇大道，旁邻几近荒废的小教堂。教堂里边住着得罪了拿破仑、藏匿起来的拉奥里将军。拉奥里常常给孩子们讲历史故事，他十分喜欢雨果，常常把雨果扛在肩头，给他讲那些英雄的故事（阿尔伯特·哈伯德《大人物》，中央编译出版社2010年版，第104页）。后来，拉奥里将军被发现枪毙，而拉奥里讲给雨果的故事，以及拉奥里本身的故事对雨果产生了很大的冲击。对于这一阶段的读者，我们图书馆员要做他们讲故事的伙伴，以讲故事等方式伴随儿童阅读。首都图书馆近几年牵头实施了一个"种子故事人"计划，培养一批图书馆员和志愿者，专门为儿童讲故事。我认为这就是一个很好的儿童读书活动。

不仅是讲故事，游戏也是儿童按照其自由天性，模仿学习的手段。对于学龄前儿童来说，游戏是他们的主要生活方式和学习方式。即使是少年时期，游戏仍然伴随着他们成长。儿童通过游戏，既可以模仿大人的生活，也可以把故事和书中的内容挪到现实中来，按照儿童的理解重新演示一番。游戏还会把儿童从各种渠道获取的生活经验加以组合，创造性地开发出新的内容。从这个意义上说，我赞同席勒的观点，艺术创造来自游戏。在成年人看来，游戏是虚幻的世界，然而在儿童那里，游戏就是真切的现实。因此我们不能刻板地认为，只有端起书本才是阅读，对于儿童来说，游戏也是他们特殊的阅读方式，温习书本的方式。因此，图书馆也应重视儿童游戏，少儿图书馆馆员也应做儿童游戏的伙伴。

一般来说，我国的儿童在小学一年级到六年级属于从初级阅读到流畅阅读的时期。到了四年级，也就是11－12岁的年龄，儿童就基本可以独立阅读了。进入到流畅阅读阶段后，儿童阅读会产生飞跃。表现在儿童阅读的兴致大增，阅读胃口陡长。爱迪生14岁时走进图书馆，当他“被告知他可以阅读里面的任何一本书时，他说道：‘可以的话，先生，我想我从这里开始。’然后他爬上了第一个书架，暗下决心一次要读完十英尺高的书”（《大人物》，同上，第219页）。而俄国哲学家、作家赫尔岑儿童时的阅读简直有点儿狮子大张口：“我读了些什么呢？长篇小说和喜剧是不用说的。我还读了五十来册法国的《剧目》（《法国上演剧目大全》）和俄国的《戏剧》（《俄国戏剧剧本全集》），每册有三到四个剧本。除了法国作品，我母亲还有拉方登（德国感伤主义作家）的小说和科策布（德国喜剧家）的喜剧，这些书我都读过两遍。长篇小说对我的影响不能说很大，我像所有的孩子一样，喜欢找那些含有轻薄意味的、不正经的场面看，然而它们没有引起我的特别兴趣。有一个剧本使我着了迷，它对我的影响大得多，我反复读过二十来遍，不过我读的是《戏剧》中的俄译本，这就是《费加罗的婚礼》。我爱上了薛侣班和伯爵夫人。不仅如此，我自己就成了薛侣班。阅读时，我的心都收缩了，我感到了一种新的体验，虽然我还不清楚这是什么。”（《往事与随想》，第32页）

对于可以独立阅读的儿童来说，此时开始有了阅读的私密感，最需要的就是阅读的独立空间。赫尔岑回忆他童年时的阅读经历时说："除了前室（男仆房）和女仆房，还有一处地方可供我消遣的，在那里我至少不会受到干扰。我喜欢阅读，正如我不喜欢上课一样。热衷于没有系统的阅读，大概正是认真读书的主要障碍之一。例如，我从前和以后，都不能忍受语言的理论研究，但理解和讲话却学得很快，总能勉强凑合。"（同上，第32页）写了《阅读史》的曼古埃尔也说，他最喜欢的就是在床上阅读。无论是在外地的旅馆里，还是在夏季的家中，待在床上，没有人来打扰你，你可以自由地进入书中的境界。图书馆当然不是家里，更不是床上，作为一个公共的阅读空间，它不可能为读者提供类似私家床上的私密阅读空间。但是，考虑到儿童阅读此一阶段的个性需要，在这种情况下，图书馆不仅要重视儿童阅读的个性需要，为其备足各种各样的图书，而且应该尽可能地营造相对独立的空间，为儿童阅读提供方便。

在儿童可以流畅阅读的阶段，图书馆员的角色就是鼓励儿童独立阅读，做好儿童阅读的伙伴。

如何做一个受到儿童读者欢迎的馆员，做儿童阅读的好伙伴？我认为英国著名作家伍尔夫的一句话应该引起我们的注意，她说，对于读书而言最好的辅导是不辅导。当然适当的辅导还是必要的，如帮助儿童读者查书，学会查找工具书，等等。但是更多的则是无为而伴。如何无为而伴？我个人的意见是：其一，站得离儿童读者远一点，给儿童读者挪出多一点儿的空间。意大利瑞吉欧的教师认为，在幼儿教育中，教师在旁边站一会儿，给学生挪出一些空地，教学就会不同寻常。这对少儿图书馆馆员的工作很有启发。在儿童阅读过程中，我们要记住给儿童读者提供更多的方便。这个方便，不仅仅是指找书的方便，还指给孩子阅读的自由。我们常常有这样的感受，当你阅读时，如果有个人站在你的旁边，你会感到很不舒服，会有一种被监视或窥视的尴尬。儿童也是如此。当他们读书时，我们最好离得远些，使读者感觉不到你的存在，为他们营造一个宽松、静谧的阅读环境。如果说图书馆的阅读需要管理的话，我认为这样的管理才是伙伴一样的管理。其二，慎说应该读哪些书、不读哪些书的话。在应该如何和不应该如何的提倡和贬抑中，儿童读者的阅读自由会受到无形的限制。赫尔岑说："孩子们讨厌大人的老爷作风，那种高高在上、妄自尊大的态度。”（《往事与随想》，第24页）作为伙伴，我认为最好的办法，是放下大人居高临下的架子，认真倾听孩子的意见，展开平等的讨论。儿童阅读近些年受到各方面的重视，社会各界推出了各种各样的少儿阅读推荐书目。这些推荐活动，自然是成人的一片好心，一片热心。但是所推书目是否合乎儿童的口味，受到儿童的欢迎呢？结果需要观察。新闻出版总署从2004年开始，每年六一儿童节前，都要向社会公布百种“适合少年儿童阅读的优秀图书”。华东师大学者依据上海少儿图书馆外借数据，对新闻出版总署2004—2010年推荐图书的借阅情况作了调研，发现阅读引导效果并不佳，“图书活跃度不高，外借率较低，甚至有不少零外借图书”（邓香莲《少年儿童阅读需求及阅读引导效果实证研究》，《出版科学》2012年第2期）。以2010年44种在馆推荐图书外借情况来看，零借率的有7种，10人次以下的有8种，50人次以下的11种，100人次以下的5种，100人次以上的13种（同上）。上海少儿馆与各区县以及街道少儿馆的互动合作很频繁，定期举办各种少儿阅读活动。在这样的情况下，推荐图书阅读率还不高，说明推荐的这些图书，在大人看来优秀，然而却未必符合儿童的阅读口味。我认为社会上少儿推荐书目成人推荐者一厢情愿的情况多有存在。因此我的意见是，要想做好儿童阅读的伙伴，我们最好慎说可以或不可以、好或不好。

爱因斯坦说："大学里的讲座很多，但崇高的教师却很少；教室很多也很大，但真正求知的青年却不多。自然界总是慷慨地生产芸芸众生，却很吝啬创造有高超才能的人。"（《爱因斯坦自述》，第59页）我今天的演讲就是大学里的讲座一类，请原谅我的偏激，不要原谅我的平庸。谢谢。

经典与大众阅读

我个人近一二年来，一直在为一个阅读问题而焦虑，那就是经典阅读问题。从1999年国民阅读率发布以来，我们了解到，全国每年有一半的人是不读书的，因此而引起社会的广泛关注。但是另一半读书人的阅读状况又当如何呢？似乎还没有引起注意。其实即使是进入阅读队伍的人，读什么，怎么读，也是大有问题的。比如近些年来阅读界出现的一种很重要的倾向：即大众文化下的大众阅读，所出现的疏离经典、不读经典现象。这样的阅读，将把我们带到哪里去呢？是快乐到死？还是王蒙先生所说的白痴？因此，大众文化与经典阅读的话题应该引起我们的高度关注。

一、经典及其属性

所谓经典，是指传世的具有普世文化价值和典范意义的杰出的精神产品。什么样的作品方能称得上是经典？卡尔维诺《为什么读经典》列举了十四个特点，有点过于繁琐，在我看来，经典至少应该具备三性：传世性、普世性和耐读性。

传世性，就是经常被国内外论者所谈到的所谓时间检验说，或者称为历史检验说，即经典必为传世之作。如美国费迪曼教授所说："好书不会沉默，不是一时性地满足人的心灵。它甚至可说是不朽的，而且对三四代以后的子孙也有益处。"（《一生的读书计划》，花城出版社1981年版，第12页）冯友兰在《我的读书经验》一文中说：现在我们所谓称'经典著作'或'古典著作'的书都是经过时间考验，流传下来的。"（《书林》1983年第1期）哈洛·卜伦也说，经典就是"从过去所有的作品之中被保留下来的精品"（《西方正典》，立绪文化事业有限公司1998年版，第24页）。爱德华·希尔斯说："'杰作'这一范畴本身就意味着对文学作品长期以来做过的筛选和评价。"（《论传统》，上海人民出版社2009年版，第166页）因为只有经过这样的时间过程，才会看出一部作品能否超越不同时期、不同时代而获得承认，得到欢迎。在经典确认的过程中，时间首先发挥的是克服某一特定时期意识形态和社会风尚对作品认识之局限的作用。

经过了比较长的历史时间，究竟有些什么样的因素会影响到人们对经典的认识呢？那就是在这段较长的历史时期内，社会的政治、经济和文化都有可能发生比较大的变动，而人们的思想意识也会随之发生变化。在社会和人们的精神都发生变化的背景下，读者对作品的认识会克服个别性和特殊性，在整体上产生一种客观的趋同的倾向。也就是说，不同时期的读者对作品文本中的一些基本的东西，如内容的涵义、思想倾向以及艺术品位，会在其认识的个别性和特殊性的基础之上，产生基本趋同的情势。尤其是精神产品的价值，优秀或低劣的精神产品，会得到不同时期读者的“公认”。正是从这个意义上说，经典必须要经历较长时间的淘汰和检验，才能确定下来。

经过漫长的历史变迁，以及社会制度、政治体制和意识形态等变化，人类精神产品中总会有一些符合人类基本价值和情感、能够促进人类发展和进步的文化精品，作为文化遗产保留下来，参与到不同时代和时期的文化建设中，并以其作为人类基本价值和情感载体的精神文化持续发挥其作用。所以，中国古代儒家的经典《周易》、《诗经》、《论语》、《孟子》和道家的经典《老子》、《庄子》历经千年，流传至今。儒家经典在漫长的封建社会作为主流文化直接影响到社会的政治制度，也影响到士人的安身立命。道家经典，则作为与儒家思想并行的思想体系，作用于政治，成为儒家思想的补充。如道家的无为而治政治观，在不同时期与儒家的积极有为政治观互为消长，共同构成了封建社会的政治治理理念。而对于士人而言，道家的思想与儒家思想一样影响深刻，出则为儒，入则为道，几乎成为大部分封建士人的处世之道。1911年后，中国的社会制度发生了深刻变化，儒家和道家赖以存在的社会制度已经不复存在，但是儒家经典十三经，除《尚书》、《周礼》、《孝经》等逐渐变为只具有认识价值以外，以上所说的几部儒家经典和道家经典作为思想资源依然对中国社会有着重要影响，其经典的地位并未因社会变迁而发生根本性的动摇。原因即在于这些传世经典凝聚了中华民族的智慧，里边保存着我们前面所说的超越了时代和意识形态的共识，并且已经深入到这个民族的血液。

普世性。经典是能够经得住时间检验和历史检验的传世之作，讲的是从时间的维度来看，经典具有的永久价值。而从空间的维度看，经典同样具有超越地域、阶级、种族、族群的普世价值和意义。经者，道也。经典，就是承载了对于人具有普遍启示意义的道理的典籍。

无论任何社会、任何国家的人民，对真善美的追求，对假恶丑的憎恶，对自由与民主的渴望，对专制与压迫的反抗等，都是相同的。洪水、地震、干旱、瘟疫等自然灾害给人类带来的灾难，战争、杀戮给人类带来的痛苦，专制、贪腐给社会造成的不公，等等，也都是不同地域和民族，不同性别和族群所共同关心而且是深恶痛绝的问题。尤其是人类所关心的自身的复杂人性问题，更是历代精神产品都在不断探索的问题。杜卫·佛克马说："文学经典是为了解决人们特定的需要而创作的，它们对我们个人生活和社会生活中所遇到的问题提供可能的解决方案。当然，不同的文化背景决定了我们有着不同的需要和问题，但在这个全球化的世界里，有一些需要和问题是跨越文化界限甚至是普遍存在的。人们需要食物和房屋，和平和没有战争，他们希望生活在自由和安全的环境中。”（《所有的经典都是平等的，但有一些比其他更平等》，童庆炳、陶东风主编《文学经典的建构、解构和重构》，北京大学出版社2007年版，第23页）刘再复最近发表的文章《〈红楼梦〉的存在论阅读》有这样的讨论：“文学固然可以见证时代，但是文学也常常反时代、超时代。它所见证的人性困境，常常不是一个时代的困境，而是永远难以磨灭的人类生存困境和人性困境。”（《读书》2012年第7期）我们姑且不去讨论文学是否“并非时代的镜子，而是超时代的人性的镜子”的问题。但是，刘再复先生所说的经典表现的是人类永远不可磨灭的人类生存困境和人性困境，则从一个方面道出了经典的普世价值。“一个哲学家的伟大之处无疑在于他的思想观点的持久性，接受他的思想观点的区域范围以及他提出的问题和解决方式的普及性和渗透性。”（爱德华·希尔斯《论传统》，同上，第143页）因此，作品反映了人类共同关注的问题和表现了人类普世价值的作家，如但丁、莎士比亚、雨果、歌德、托尔斯泰、萨特、卡夫卡等经典作家，既是西方的，也是东方的、世界的；孔子、庄子、李白、杜甫、曹雪芹、鲁迅等，既是中国的、东方的，也是西方的、世界的，并且是当代的。“这样的诗人无论他属于哪个国度都是我们的同胞，但又是他本民族最卓越的代表之一。这样的人能帮助他的同胞理解他们自己，同时又帮助别人理解并接受自己。”（《艾略特诗学文集》，国际文化出版公司1989年版，第272页）因此，《论语》中“仁者，爱人”思想，释典中普度众生人世关怀，《老子》和《庄子》中反对过度社会化对人性的扭曲与异化、提倡自然的学说，越千年而活到现代，仍对社会产生重大影响。艾略特在《哲人歌德》中谈“伟大的欧洲人”的标准时说：“我们的标准是什么？毋庸置疑，其中两条肯定是永恒性与普遍性。欧洲诗人必须不仅仅在历史上占有一定位置，他的作品必须给后代以乐趣和裨益。他的影响不仅仅是一个历史记录问题，他对任何时代都含有一定的价值。而每个时代对他都会有不同的理解，而且不得不以新的眼光来评价他的作品。他必须不仅仅对本民族、语言显得重要，就是对其他民族、语言也要一样显得重要：本民族、语言的人们将会感觉到他完全是他们当中的一员，而且也是他们在国外的代表。对于不同国家、不同时代的读者来说，他的意义不会相同，但至于他的重要性，任何国家、任何时代都不会有任何怀疑。”（《艾略特诗学文集》，同上，第267页）艾略特主要是从语言角度来评价“伟大的欧洲人”的，认为似但丁、莎士比亚和歌德那样的伟大作家，“是他们语言中最伟大的诗人”。但是他同时指出，他们之所以成为最伟大的欧洲人，“是他们作为欧洲人的伟大比他们在他们语言中高于其他诗人这一点上，无论在复杂性还是涵容性上都更为巨大”（同上，第268页）。莎士比亚创造出的哈姆雷特和歌德创造出来的浮士德都具有本国特点，没有比哈姆雷特更英国化的了，也没有比浮士德更德国化的了，但是他们却又超出了本国的范围，“又像是我们自己国家的朋友”。艾略特讨论诗人的伟大，虽然局限于欧洲之内，但是却揭示了伟大作家的一个普遍特征，即他超越国度、民族和地域的重要影响。而这种影响显然来自其作品所包蕴的具有普遍价值的内容。因此如法国文学批评家圣·佩甫所说：“真正的经典对所有的人类说话。”汉斯－格奥尔格·加达默尔在《真理与方法：哲学诠释学的基本特征》中说，经典“作品里所表现的东西始终是而且对于一切人都有真理性和有效性”（上海译文出版社2004年版，第213页）。我国的著名小说《红楼梦》，从其诞生直到今日，二百余年间都有众多的读者，影响至为深远，其作为一部经典的价值和意义，已得到多方面的深刻揭示。即使抛开封建社会必然衰落的社会论，此书对于曹氏家族由簪缨鼎盛之家到树倒猢狲散之衰败的描写，已经超越了家族史的范畴，使之成为社会之形象的缩影。世上没有不散的宴席，盛极必衰，或曰盛而必衰，反映的是中国人对待事物发展的观念；而作品对青年男女爱情的描写，尤其是对宝黛爱情悲剧的表现，既可见人类对爱情与美好事物的珍惜，同时又揭示出创造珍惜美好事物是人之本性，而毁灭美好事物也是人之本性的悖论，而人就是生活在这样的悖论之中；所以当今社会，既有面包黄油，又有航母炸弹。这些应该是人类的本性，而非只有中国。当然，在《红楼梦》中，给人最为深刻启示的还是它所表现出的人生哲学。家庭的盛衰也好，人生的聚散也好，都在诉说着人始终在探索却迷茫的一个问题，即人事的无常与人生的空幻。人来自何方，又归于何处？这是古今中外都在探寻的问题，却是无解的问题。《红楼梦》则以中国人的智慧告诉人们，不仅来去为空，而且存在即空。看起来极为悲观，然而无论中国人还是外国人，我们都不能不服膺它的深刻。

耐读性。从阅读的角度来考察经典，经典具有不同于一般精神产品的特性。经典之所以能够超越历史在读者中得到长久的流传，并且还能跨越不同地域、不同民族而获得不同读者的认同，就其内在品质来看，乃是因为经典具有常读常新的永久的魅力。经典的价值体现在它的永远的启示性，常读常新。卡尔维诺《为什么读经典》列举的14个定义中的前6项，讲的都是经典的这种特点："经典是那些你经常听人家说'我正在重读……'而不是'我正在读……'的书。"（译林出版社2006年版，第1页）"一部经典作品是一本每次重读都像初读那样带来发现的书。"（同上，第3页）"一部经典作品是一本永不会耗尽它要向读者说的一切东西的书。"（同上，第4页）

经典之所以耐读，首先来自它的独创性。任何可以称之为经典的作品，其提供给读者的精神产品都应该是独一无二、与其前后的作品绝不雷同的。爱默生在其《代表人物》中盛赞莎士比亚："就创造力而言，莎士比亚是独一无二的。"（生活·读书·新知三联书店1998年版，第159页）哈洛·卜伦亦言道："用简单的话讲，正典就是柏拉图与莎士比亚：它是个别思考的意象，不管是苏格拉底垂死之思，抑或哈姆雷特对那未知国度的思忖。”（《西方正典》，同上，第49页）比如鲁迅的《阿Q正传》。在中国精神产品史上，阿Q是鲁迅的独特创造，亦是不朽的形象。“阿Q这人是中国一切的‘谱’——新名词称作‘传统’——的结晶，没有自己的意志而以社会的因袭的惯例为其意志的人，所以在实社会里是不存在而又到处存在的。沈雁冰先生在《小说月报》上说，‘阿Q这人要在现社会中去实指出来，是办不到的；但是我读这篇小说的时候，总觉得阿Q这人很是面熟，是啊，他是中国人品性的结晶呀！’这话说得很对。……阿Q却是一个民族的类型。他像神话里的‘众赐’（pandra）一样，承受了噩梦似的四千年来的经验所造成的一切‘谱’上的规则，包含对于生命幸福名誉道德各种意见，提炼精神，凝为个体，所以实在是一幅中国人品性的‘混合照相’，其中写中国人的缺乏求生意志，不知尊重生命，尤为痛切，因为我相信这是中国人的最大的病根。”（周作人《阿Q正传》，《晨报副镌》1922年3月19日）诚如周作人所分析的那样，在阿Q这个形象里，鲁迅写进了他对中国人德性的认识。中国人的自大与无知；中国人的精神胜利法，国民的麻木以及在环境迫压下的精神逃避和自欺欺人；中国人欺软怕硬的两面性；中国人的造反所带有的流氓习气和投机性，等等。在这个人物身上，集中暴露出中国国民的劣根性。

经典的耐读性，还在于经典之作内涵丰富厚重，不断地打破个人业经阅读同一部经典所形成的前见，可以不断地激发读者的想象，给人以多方面的启示。因此，每一次读者捧读，都会给读者带来新鲜感，如同第一次阅读。费迪曼说："千万别忘记，这些著作不能只读一次，应该一读再读。它和畅销小说不同，它是无穷尽的宝藏。二十五岁时读柏拉图，跟四十五岁读柏拉图，感受是不相同的。莎士比亚不是由三十七篇戏剧构成，是由三百七十篇戏剧组成，因为《哈姆雷特》会随你的年纪的增长，人生体验的深刻丰富，而变成另外一个《哈姆雷特》。"（《一生的读书计划》，第10－11页）还是以《红楼梦》为例，这部小说对中国人无论男女老少，都有很强的吸引力，致使许多读者数次读《红楼梦》，更有甚者一生都以《红楼梦》为伴。究其原因，王蒙说的理由是很有代表的，他说："我喜欢一次又一次地阅读《红楼梦》，我喜欢一次又一次地琢磨

《红楼梦》，每读一次都有新发现，每读一次都有新体会新解读。”（《王蒙活说红楼梦》，作家出版社2005年版，第1页）之所以一生都在受用，即在于《红楼梦》是一个带有百科全书性质的经典巨著。首先，不同的读者可以从中读出不同的内涵，如鲁迅《〈绛洞花主〉小引》所说：“经学家看见《易》，道学家看见淫，才子看见缠绵，革命家看见排满，流言家看见宫闱秘事。”（《集外集拾遗补编》，《鲁迅全集》，人民文学出版社2005年版，第8卷，第179页）“你对什么有兴趣？社会政治？三教九流？宫廷豪门？佛道巫神？男女私情？同性异性？风俗文化？吃喝玩乐？诗词歌赋？蝇营狗苟？孝悌忠信？虚无飘渺？来，谈《红楼梦》吧。”（《王蒙活说红楼梦》，同上，第2页）因此，历来就此部小说的主题思想，众说纷纭，有谓“政治历史小说”者，这自然是从社会、历史的角度进入的；有谓“爱情主题”者，显然是扭结在宝玉和黛玉的爱情上；有谓“人生主题”者，是体悟到了书中浓郁的色空观念，如此等等，不一而足。不仅不同读者有不同的领悟，即使是同一读者，在不同时期、不同年龄、不同情境下读《红楼梦》，也会有不同的感受，不同的收获，这就是阅读中不断打破个人前见的过程。“我常常从《红楼梦》中发现了人生，发现了爱情、政治、人际关系、天理人欲……的诸多秘密。读《红楼梦》，日有所得月有所得年有所得，十年二十年三十年各有所得。”（同上，第2页）《红楼梦》这部经典成了读者取之不尽的人生富矿。

经典的耐读性不仅源自其内涵丰富，还来自它的深刻。经典之不同于一般的精神产品，甚至不同于一些比较优秀的精神产品，其原因之一就在于它思想内涵之深刻，它之于社会人生的认识精辟入微，入木三分，深入事物的核心，直达本质。所以经典常常成为人类思想的策源地，人的灵魂的栖息地。有些经典甚至在人类的精神成长史上占有十分重要的地位。在中国，《论语》、《孟子》是儒家思想创造者之一，《老子》、《庄子》创造了道家思想，《韩非子》创造了法家思想，《墨子》创造了墨家思想。数家影响中国数千年，尤其是儒道两家思想更成为中国传统思想文化的主干。而在欧洲，18世纪法国启蒙运动中所产生的一批经典，如卢梭《社会契约论》、《论人类不平等的起源和基础》提出的社会契约论和人民主权论，直接影响到现代资本主义制度的建立。正因为经典对社会现象的洞见，它对人性的发掘，超过了一般读者的识见，甚至在一定程度上超越了经典作家乃至阅读经典读者的时代，因此，就会给读者以不曾想到、不曾料到的超越前见的错愕，可以帮助读者超越社会与人生的个人平平之见，更深入地认识社会，认识人，包括认识自己。

在哈洛·卜伦的《西方正典》中，20世纪的卡夫卡也名列其中了，说他是“我们这个时代的正典文学天才”。美国诗人、剧作家奥登1941年也说卡夫卡：“就作家与其所处时代的关系而论，卡夫卡完全可与但丁、莎士比亚和歌德等相提并论。”(见乔伊斯·卡罗尔·奥茨《卡夫卡的天堂》，《外国文艺》1980年第2期)显然奥登和卜伦的认识是一致的，都认为就其影响而言，卡夫卡应该被视为当代的但丁和莎士比亚。然而卡夫卡的作品作为当代经典的意义何在呢？哈洛·卜伦在分析卡夫卡时指出：“卡夫卡已成为本世纪最具正典性的作家，因为在我们每个人身上，都可以找到存在与意识之间的罅隙，而此一罅隙就是他真正关心的主题，他将这主题与身为犹太人，或至少是身为漂泊的犹太人联结在一起。”(《西方正典》，同上，第642页)哈洛·卜伦的分析对于我们评价卡夫卡的经典意义是颇有启发性的。的确，人生尴尬是卡夫卡的小说表现的重点。人不可能有任何预设的目的，因为人的任何目的都是非真实的。然而人却永远希望这种目的的存在。于是就产生了人“预期——他们的和我们的——为实际上的、现实的世界所阻扰”（同上，第644页）。我们或者在宗教上相信上帝，试图接近上帝；我们或者在信仰上相信真理，试图达到真理；我们期许亲情、爱情，试图拥有亲情和爱情；我们试图了解他人或者是他人了解自己，然而一切皆是徒然。而人就生活在这样的充满悖论的世界，人生如同不可理喻的荒诞的故事。

卡夫卡的长篇小说《城堡》是很有代表性的经典之作。小说讲了一个颇为荒唐的故事：据说是土地测量员的K接受了伯爵的请求到城堡工作，然而他却受阻于城堡之外。虽然K千方百计要进入城堡，并且城堡就在K眼前的山上，他却总是无法接近。“卡夫卡的作品从本质上说都是寓言故事。”（瓦尔特·本雅明《论卡夫卡》，《启迪：本雅明文选》，生活·读书·新知三联书店2012年版，第154页）城堡和K的故事显然是卡夫卡设置的一个隐喻，然而隐喻了什么，却神秘莫测。学术界关于《城堡》的寓意竟有十余家之说，这种种解说，可以更充分地补充说明上面刚刚谈到的问题——经典内涵的丰富。

从《城堡》小说设置的情节来看，这部小说直接反映的应该是官僚机构的昏庸及其权力的腐败。“卡夫卡将社会结构视为命运。不仅在《审判》和《城堡》中、在庞大的官僚等级制中面对这命运，而且在更具体的、艰巨得无法估量的建筑工程中也瞥见命运。”（《启迪：本雅明文选》，同上，第131页）尤其是自小说的第十五章开始，卡夫卡集中描写了官僚机构内部的运作机制，档案的投放、积压和处理的随意，文件办理的拖拉和无序：“可是城堡在这一方面办事拖拖拉拉，而且最糟的是你永远不知道拖拉的原因是什么；可能这件事正在办理之中，但也可能根本还没有着手办理，这就是说，例如他们一直还在想是用巴纳巴斯，但是最后也有可能事情处理完毕，由于某种原因，他们撤销了原来的承诺，巴纳巴斯永远不会得到那一套衣服。”（《城堡》，第136页）其实，K的悲哀的命运就来自这个官僚机构的腐朽昏庸。一个伯爵几年前聘用K为土地测量员的决定，数年后才下达给K；而村长反对聘用土地测量员的文件，却又不知流落到哪个部门，因此才导致K千里迢迢从外地跑到城堡来，却不得其门而入，悬置于城堡外面的村中。小说对这个官僚机构的组成之一——信差、跟班的（见《奥尔加的计划》）和秘书（见第十七章），也都有细致的描写。小说在描写官府运作时，多采用近乎荒诞的手法，而这种荒诞恰恰来自官府本身。小说在表现官员的腐败方面，也是入木三分。在小说中，阿玛丽亚因为拒绝了城堡官员索提尼的卑鄙要求所导致的全家人的灾难，深刻地反映出权力腐败给百姓带来的痛苦。而且权力施加给百姓的痛苦是摸不着、看不见的，它既无形，又无所不在，并且力量无比。以致当阿玛丽亚一家想要摆脱痛苦时，遭到申诉无门、告饶无处、请求宽恕都无路的困境。小说借阿玛丽亚的姐姐奥尔加的叙述说："他（阿玛丽亚的父亲）究竟想要什么？他出了什么事？他想请求宽恕什么？城堡里什么时候有谁哪怕对他动过一个指头？不错，他变穷了，主顾跑了，等等，但这些都是日常生活中常有的事，是手艺人和市场的事情，难道城堡什么事情都得管吗？事实上城堡什么都管，但是它不能单单为了一个人的利益而去粗暴地干预事态的发展。难道要城堡比方说派出官员去把父亲的主顾都追回来，强令他们再去照顾他的生意？”“可是究竟要宽恕他什么呢？人家答复他，至今并没有人告他。至少在记录簿上还没有记载，起码在律师能看到的记录簿上没有这样的记录；因此，就调查的结果而言，也没有人对他采取什么行动或准备采取什么行动。也许他能指出官方发布过什么针对他的指令？父亲指不出来。或者是否有某个官方机构进行过干预？对此父亲也一无所知。那么好吧，既然他什么都不知道，又没有发生过什么事情，那他想要什么呢？有什么可以宽恕他的呢？最多是他毫无目的地纠缠官府，这倒是一条不可宽恕的罪状。”（第166页）这是目前为止所能看到的对于权力施害百姓最为深刻的揭示。“人们大概永远不会知道权力是什么。可能马克思和弗洛伊德还不足以帮助我们认识这个神秘的、被称作权力的、被到处授予人的东西。它既是有形的，又是无形的；既是显现的，又是隐蔽的。”（《福柯集》，上海远东出版社2003年版，第210页）因此这种权力的影响，可能来自某一个官员，又不完全来自某一个人，它是一种制度，一个系统，一个无形的网络，如同细密的蜘蛛网布下天罗地网，却又不动声色，不露痕迹，吃人不吐骨头。

当然，卡夫卡的深刻不仅仅在于他对现实的反映，更在于他的作品所具有的格言式的深刻的暗示性。而我们对卡夫卡作品的阅读，也应该既有“历史化”（具体的历史语境）的策略，又有“讽喻化”（更为抽象更具普遍意义的层面）的策略。《城堡》小说无论在表现人的存在与意识之间的“罅隙”的任何方面所达到的程度都是十分深刻的。卡夫卡曾经讲过一句颇有影响的话：“目标只有一个，道路却无一条，我们谓之路者，不过是彷徨而已。”（叶廷芳《现代艺术的探险者》，花城出版社1986年版，第103页引卡夫卡1920年9月17日日记）又说：“这世界是我们的迷误。”（同上，第80页引卡夫卡1918年2月5日札记）这对于我们理解卡夫卡《城堡》的人生暗喻是颇有启示的。《城堡》中K的命运如同人之一生，我们每一个人进入这个世界都是偶然的，都是一个唐突的外来者。他想融入这个世界，他想实现个人或具体或抽象或切近或长远的目的，如同K一心想进入城堡(后来变为一心想见到克拉姆)。然而在这个世界之上，人与人之间的关系是如此之疏远，如此之互不相关，如同K与他周边人的关系，且不说他与城堡官员的关系，那自然是极为疏远、毫不相干的。即使是他与关系较为密切的人们，与两个助手是窥视与被窥视的关系，不但不是帮忙，反倒是到处添乱。连K与他的未婚妻弗丽达的关系也是若即若离，其实是一种互相利用的关系。K要利用弗丽达见到克拉姆，而弗丽达则是利用与K这个外来的毫无地位的人的婚事，再一次引起克拉姆和村中人对她的关注。在这样的冷漠的人世关系中，“一个人会因为陌生而透不过气来，可是在这种陌生的荒谬的诱惑下却又只能继续向前走，越陷越深”（《城堡》，第33页）。因此不仅希望渺茫，如同K进入城堡无门；而且就是个人的身份也是模糊不清的，如同K的土地测量员的身份问题。存在是不可毁灭的，而人却永远生活在希望的破灭之中，没有终点，“没有一个创造物有自己固定的位置，有明确的和不可变换的轮廓；没有一个创造物不是处于盛衰沉浮之中；没有一个创造物不可以同自己的敌人或邻居易位；没有一个创造物不是筋疲力尽，然而仍然处于一个漫长过程的开端”（《启迪：本雅明文选》，第127页）。这恰足以表现出人的孤独无助，人生的荒谬。

这样讲卡夫卡的作品的意义，并非是望文生义。在卡夫卡的作品中的确具有这样的涵义。《在法的门前》这篇短篇小说，描写一个乡下人试图进入法门，“照理说，法应该永远为所有的人敞开着大门”（《卡夫卡中短篇小说选》，人民文学出版社2004年版，第112页），但是乡下人却被一个守门员阻拦住，告诉他现在不允许他进入，而以后却是有可能的。为此，乡下人等了一天又一天，一年又一年，磨来磨去，甚至把自己带来的东西全都拿出来试图买通守门人，但都不得其门而入。乡下人一直等到他生命的尽头，才知道这扇大门只是为他而开着的。这其实就是《城堡》的翻版，乡下人同K一样都试图进入自己的希望之门，而且，从道理上来讲，这个门应该是向他们敞开着的。但是，他们却遇到了不可逾越的障碍，碰到了永远也冲不破的无形而又强大的力量，等待他们的只有希望破灭的痛苦。这显然具有隐喻人生困境的深刻内涵。在这样一个荒谬的现实中，任何人都无法逃脱他的人生痛苦，即使像医生那样救人的人，也会陷入既不能救人、也不能自救的悲惨境地。卡夫卡通过乡村医生，呼出“我永远也回不了家了”，“驾着尘世的车，非尘世的马，我赤身裸体，遭受着这最不幸时代的冰雪肆虐，我这老头子四处飘荡”（《乡村医生》，《卡夫卡中短篇小说选》，同上，第110页）的悲鸣。

卡夫卡的《城堡》等小说写于上个世纪初叶，然而对于当代人的生存处境而言，卡夫卡的小说颇具预言色彩。随着现代科学技术的发达，尤其是以计算机技术和网络技术为核心的信息技术的快速发展，人与人的交流似乎更加便利更加快捷无碍，因此才有了地球村之说。然而实际情况如何呢？人的心灵的距离不是被缩小，而是扩大了。首先是失去了旧时交通和信息都不发达条件下人与人之间"但愿人长久，千里共婵娟"的那种冲破距离的情感的眷恋；再者是在网络情况之下，产生了人的情感的虚拟性以及假面交往和交流，使人变得更加多面，人与人的关系更加不可靠。更何况在现代的无所不在的市场经济之下，利益成为国与国、民族与民族、家与家、人与人关系之间起着决定性作用的杠杆，利益可以撬动一切。在此现代环境之下，集体或团队实际上遭到解构（在这一点上确实被利奥塔说对了），个人变得更加自我，当然也变得更加孤独、更加无助。如卡夫卡所说，人"从根本上还是在孑然独行"的（《卡夫卡中短篇小说选》，第115页），"我感到的自己的孤立无援，像个局外人似的"（卡夫卡1913年11月27日日记，《卡夫卡全集》，河北教育出版社2000年版，第5卷，第

277页）。世界还是尘世的马车，而人与人的关系却非尘世的马，它拉着个体的人裸奔于冰雪肆虐的路上，飘荡不定，可怜、可悲亦可憎。

二、经典面临的挑战

无论中国还是西方，何为经典，似乎已经成为常识性问题，很少有人提出问题。雷乃·威勒克1974年曾很自信地说过："至少对于更为遥远的过去来说，文学经典已经被牢固地确定下来，远远地超出怀疑者所容许的程度。贬低莎士比亚的企图，即便它是来自于像托尔斯泰这样一位经典作家也是成功不了的。"（转引自D.佛克马、E.蚁布思《文学研究与文化参与》，北京大学出版社1997年版，第54页）甚至中国古代和现代哪些著作属于经典，虽然不同时期的认识有一些出入，但是大体上也有一个基本的书目。而在西方，"我们所能说的只是，西欧三千年的历史已逐渐蕴积了一批具有'独创性的信息'，以学校用语来说，就是'古典'，以卡尔·凡·德兰的定义来说，'所谓古典就是无需重写的书'。这类书的书目随时代的进展略有变动，但变得并不厉害”（费迪曼《一生的读书计划》，第4－5页）。上世纪50年代，阿德勒和哈钦斯编选的54卷本《西方世界经典著作》所囊括的著名人文社会科学和自然科学著作，也得到西方学术界以及教育界的认可，有着很大的影响。经典的典范地位在过去也很少受到质疑。

然而西方进入20世纪70年代以来，经典的合法性却受到了来自后现代学术界的非难和质疑，以致兴起一股非典和废典的风潮。解构经典的激进的后现代主义认为，经典代表的仅仅是某些人的趣味，而且其形成带有太多的政治、种族、性别和权力的色彩。如居罗利所说：“近年来许多批评家确认，‘规范化’的文学文本精品（传统所称的‘古典’精品）运作在某种程度上就像《圣经》经典的形成。这些批评家在价值判断的客观性领域发现一个政治的内涵：一大批人从文学规范中被排除出去。……规范形成的批评家把他们的问题建立在一个令人困扰和无可争议的事实之上：如果你扫视一下西欧所有伟大的经典作家的名单，你将会发现其中很少有女人，甚至很少非白人作家和出身寒微的下层作家。”“我们一旦思考这个问题，就被迫思考一些令人惊异的假说。尽管他们创作的作品可能一直是伟大的，但它们并没有受到保护而无法经典化……如果这是可能的，那么规范组成的历史就会作为一种阴谋，一个不言而喻的、审慎的企图出现，它试图压制那些并不属于社会的、政治的，但又是强有力的群体的创作，压制那些在一定程度上隐蔽或明显地表达了占统治地位的群体的'意识形态'的创作。"（《文学批评术语》，Frank Lentricchia & Thomas McLaughlin编，牛津大学出版社1994年版，第320页）后现代的最大特点，就是站在西方马克思主义、女性主义、后殖民主义、新历史主义和结构主义的立场，来重新审视和评价经典，对经典的合法性提出质疑。如斯坦福大学教授汤姆·莱恩达尔所概括的："简而言之，传统经典反映白种人的、资产阶级男性的价值观和偏见，忽视了非主流文化、非强势种族、弱势群体及女性的文学成就。"（《文学经典在美国大学课程中的衰落》，《文学经典化问题研究》，人民文学出版社2010年版，第114页）对于这些反对经典的后现代各学派，"女性主义者、非洲中心主义者、马克思主义者、师法福柯的新历史主义者或解构论者"，美国著名学者、捍卫经典的主将哈洛·卜伦一概称之为"憎恨学派"（《西方正典》，第28页）。

而在中国，进入上世纪90年代以来，既受西方文化思潮的影响，同时也是为了重写现代和当代文学史的需要，经典成为学术界研究的重点，而且也发生了经典的争论，学术界，尤其是文学界，更确切地说是在现当代文学研究界，逐渐陷入经典的焦虑。一方面，选编现当代文学经典，一批经典选编书陆续面世，如谢冕、钱理群主编《百年中国文学经典》（北京大学出版社1996年版），谢冕、孟繁华主编《中国百年文学经典文库》（海天出版社1996年版），吴秀明等主编《20世纪中国文学经典文本》（浙江大学出版社2005年版），朱栋霖主编《中国现代文学经典1917－2000》（北京大学出版社2007年版），等等，纷纷选编文学经典，既可见对经典的重视，在此方面，恰与西方的去经典化形成反差；另一方面，亦可见学术界争夺经典话语权之激烈。随之而来，在中国文学界展开了关于经典的讨论。1997年，广东现代文学研究界举办了“文学经典化问题”研讨会。2005年，首都师范大学文学院联合北京师范大学文艺学研究中心和《文艺研究》编辑部在北京举办“文化研究语境中文学经典的建构与重构国际学术会议”，有来自中国、美国、德国、英国、新西兰、澳大利亚、荷兰、新加坡以及中国台湾地区的学者参加会议，会议论文结集为《文学经典的建构、解构和重构》，由北京大学出版社2007年出版。2006年，中国社会科学院文学研究所、《文学评论》杂志社和陕西师范大学共同主办了“文学经典的承传与重构”学术研讨会。同年，中国社会科学院文学研究所又联合《外国文学研究》编辑部和厦门大学文学院主办“与经典对话”全国学术研讨会。2007年，首都师范大学文学院又在北戴河举办了“文学经典化问题：文学研究与人文学科制度2007年国际学术论坛”，来自美国、俄国、日本和中国大陆的中国社会科学院、北京大学、北京师范大学、中国人民大学、北京外国语大学、四川大学、华中师范大学、首都师范大学、《文艺报》、《中国教育报》的学者参加研讨。会议论文结集为《文学经典化问题研究》，由人民文学出版社2010年出版。从2005年到2007年，如此密集地召开有关经典的国内、国际学术研讨会，足见经典问题已经成为学术界尤其是文学界关注的热点。

学术界关于经典的论战，主要目的不在于废除经典，而在于占有经典的话语权，所以说后现代挑战的是传统的经典，试图重新建构经典。因此我认为并不会对经典的存在和传播构成实质的威胁。而对经典造成真正挑战与威胁的则是来自于新时期的大众文化，以及受大众文化影响所形成的大众阅读。

大众文化，按照美国文化批评家杰姆逊的定义，是指以日常感性愉悦为主的消费文化（《后现代主义与文化理论》，陕西师范大学出版社1986年版，第2－3页）。我国文化学者王一川认为："'大众文化'是以大众媒介为手段，按商品规律运作、旨在使普通市民获得感性愉悦的体验过程，包括通俗诗、通俗报刊、畅销书、流行音乐、电视剧、电影和广告等形态。"（《大众文化导论》，高等教育出版社2004年版，第8页）由此可见，大众文化是与高雅文化有明显区别的文化，对高雅文化有着消解的作用；大众文化又是带有商业文化色彩的消费文化，因此必然要受到市场运作的影响。大众文化带有时尚性和流行性，迅速流行，同时也会迅速消退。

受这种大众文化的影响，现代社会的阅读也在短短的十余年间发生了巨大的变化，迅速地从传统阅读走向了大众阅读。在这里，"大众阅读"不但说的阅读群体，而且是指一种包括阅读群体在内的新的阅读现象。就阅读主体来说，传统的阅读，以知识人文化人为主体，包括学者、青年学生、政府机关和社会团体中的工作人员，以及有文化的劳动者；而大众阅读的主体主要是来自各个阶层的市民文化消费群体。就阅读的对象而言，主要是大众传媒提供的时尚产品，如报刊和网络信息等。就阅读心理和阅读习惯来看，畏惧艰深、喜欢平易，畏难思考、喜欢娱乐，成为阅读的普遍心理；而新闻式、碎片式的浏览成为普遍的阅读习惯。现代社会，图书出版和信息发布极为便利，读者阅读真是到了“乱花渐欲迷人眼”的时代。现在，全国的出版社每年出书高达30万种，数字惊人。在唐代，一个人如果努力读书，一辈子可以读完所有的存世之书。但是到了今天，一个人一生恐怕也读不完一年出的书。因此如果不是一个意志坚定的人，到了书店或图书馆，看到那一眼望不到头的书架和汗牛充栋的图书，一定会摧毁他读书和写书的信心。而这还是纸质的图书，至于互联网，就更是信息海量，稍不留心就会陷入迷魂阵中，教人不辨东西，难分南北。然而，在海量的图书和数字资源面前，我们并没有看到读者的压力、读者的焦虑。是什么原因消解了现代社会的读者面临海量读物应该有的焦虑和压力？就是以消遣娱乐为特征的大众文化！大众文化把读者从海量的读物中极为轻松地带到了报刊和网络资源这些时尚的读物面前，使读者在毫不费力、轻巧愉快的猎奇性的新闻式阅读和碎片化阅读中，不知不觉打发掉时间。

大众文化就其文化本质特征来看，是一种消闲享乐型的文化，因此自然疏离精英层所欣赏的高雅，同时也会逃离沉重，回避思考。正因为如此，有人认为，大众文化是经典的天然敌人。现代文学研究学者孟繁华就指出："虽然我们可以批判包括网络在内的现代电子传媒是虚拟的'电子幻觉世界'，以'天涯若比邻'的虚假方式遮蔽了人与人之间更加冷漠的关系。但在亚文化群那里，电子幻觉世界提供的自我满足和幻觉实现，是传统的平面传媒难以抗衡的。它在通过'开放、平等、自由、匿名'的写作空间的同时，也在无意中结束了经典文学的观念和历史。"（《新世纪：文学经典的终结》，《文学经典的建构、解构和重构》，同上，第113页）因此他认为："当今世界，不是没有了文学经典，而是关心'文学经典'的人已经分流于影视、读图、DVD、卡拉OK、酒吧、美容院、健身房、桑拿浴甚至是星巴克、超市或者远足、听音乐乃至独处。日常生活在商业霸权的宰制下也为人们提供了多种文化消费的可能。这就是文化权力支配性的分离，文学经典指认者的权威性和可质疑性已同时存在。在这一处境下，文学经典还为多少人关心，已经很说明问题了。”(同上，第115页)但是，这种大众阅读，会塑造出什么样的读者呢？答案已经揭晓，那就是塑造出远离经典的读者，不读经典的读者。2013年6月24日，广西师范大学出版社发布了一份通过对3000名读者的问卷而形成的“死活读不下去排行榜”：第1名：《红楼梦》；第2名：《百年孤独》；第3名：《三国演义》；第4名：《追忆似水年华》；第5名：《瓦尔登湖》；第6名：《水浒传》；第7名：《不能承受的生命之轻》；第8名：《西游记》；第9名：《钢铁是怎样炼成的》；第10名：《尤利西斯》（《北京日报》2013年6月24日）。真是不看不知道，一看吓一跳。这个名单基本都是中外经典，中国古典小说的四大名著尽在其中。更有讽刺意味的是《红楼梦》竟然高居榜首。《尤利西斯》和《百年孤独》还被判了“十年有期徒刑”，为“十年以上有期徒刑必备书”。近期还有一条引起很大反响的消息，鲁迅的文章被撤出义务教育阶段的教材。据2013年9月6日《北京晚报》报道，人民教育出版社新修订的七年级语文教材，30篇课文被更换了9篇，其中就有鲁迅的《风筝》。至于为什么《风筝》会被撤出七年级上册的教材，人民教育出版社办公室工作人员表示，“鲁迅的《风筝》确实是好文章，但是原来的老版教材用了十年左右的时间了，根据十来年教师的反馈，感觉教学中学生的理解还是有一些困难。文章主题很好，但是学生不能很好把握，里面涉及的背景等，超过了这个年龄段的学生的理解力，所以这次考虑到把《风筝》从这一次中撤下来。”（人民网－教育频道，2013年9月6日）然而，鲁迅的这篇散文真的不适合初中生阅读吗？非也。儿童文学作家曹文轩谈到他小学到初中的阅读经验时就讲到，他小学五年级开始读鲁迅作品，开始似懂非懂，但是到了初中时阅读鲁迅作品已经达到痴迷的程度（《鲁迅文章被删，专家各有说法》，《京华时报》2013年9月5日）。我也有同样的经历，也是在初中读鲁迅的作品。其实在鲁迅的作品中，《风筝》是比较适合少年儿童阅读的。更重要的是这篇散文传达了尊重儿童游戏天性的思想，作者由于不懂儿童的心理，撕掉了弟弟亲手做的风筝，“然而我的惩罚终于轮到了，在我们离别得很久之后，我已经是中年。我不幸偶而看了一本外国的讲论儿童的书，才知道游戏是儿童最正当的行为，玩具是儿童的天使。于是二十年来毫不忆及的幼小时候对于精神的虐杀的这一幕，忽地在眼前展开，而我的心也仿佛同时变了铅块，很重很重地堕下去了”。这样的文章无论对儿童还是对儿童实施教育的家长以及老师都是少见的好文章。人教社删掉鲁迅的文章，其真正的背景，在我看来就是大众阅读的负面影响。不仅如此，鲁迅作品被撤出教材已经不止一次成为媒体和社会关注的热点。这说明，大众阅读确实在不断地消解经典在阅读领域的地位。现在，我们紧接而来的话题是，今天，我们真的不需要经典了吗?

阅读除了消遣娱乐之外，还有塑造个人的灵魂、社会和民族的精神家园的作用。国外的学者认为，人的知识有百分之八十来自阅读。人的知识是否绝大部分来自阅读，还无从考证。但是，人的精神成长，人的灵魂的塑造，人格的形成，其主要的途径来自读书，我想应该没有问题。但是什么样的图书，怎样的阅读才能有助于人的精神成长，有助于人的灵魂的塑造、人格的形成？我想仅靠大众阅读，是无法完成这个任务的。当然，读者的阅读需要是多方面的，为了松弛一下紧张的现代工作节奏下的情绪，为了缓解现代人生活的压力，读者阅读一些轻松愉悦的作品，自然无可非议。但是现代的大众文化，把这种消闲娱乐型的阅读膨胀为主要甚至是唯一的阅读，就会造成社会尤其是社会精英分子的忧虑，这样的阅读会造就什么样的人？会给我们的社会、我们的民族带来什么样的后果？读者通过读书，不仅仅是为了感官的愉悦，还是为了满足人的更深层的精神需要。概括地说，就是通过读书来了解并弄通与人、人生和人性相关的事物，即使是对宇宙自然的探索，也不能离开人自身的精神需要，如满足人类好奇心的需要、人挑战自身智力极限的需要、人健全思想的需要、人了解人类周围环境的需要，等等。正如黑格尔用一句格言所表述的："似乎整个漫长的精神史都是朝向一个唯一目标的历程：认识自己本身，这对于精神来说是何等伟大的工作。"（引自伽达默尔《真理与方法》，商务印书馆2010年版，第455页）人只有通过阅读了解自己，了解世界，才会使自己成为一个人格独立、有思想、有境界、有品质的人。不仅如此，只有有相当多的民众属于人格独立、有思想、有境界、有品质的人，我们的社会和民族才是一个可以智慧生存和发展，而非愚昧的懵然前行的社会和民族。然而大众阅读能够解决以上问题吗？显然不可能。这种猎奇式的新闻阅读和碎片式阅读，无法深入社会，更无法深入人心，触及人的灵魂，当然也不可能培养读者的理解力和判断力，培养出有自己的精神世界、有思想、有灵魂的读者。林语堂说得好："真正有益的读书，便是能引领我们进到这个沉思境界的读书，而不是单单去知道一些事实经过的读书。人们往往耗费许多时间去读新闻纸，我以为这不能算是读书。因为一般的新闻纸读者，他们的目的不过是要从而得知一些毫无回味价值的事实经过罢了。"（《生活的艺术》，第316－317页）

而这个问题只有阅读经典才能解决。阅读积累了人类文化精华的经典，对于我们尽可能多地了解人、人生和这个世界，十分重要，也十分需要。经典是不同种族、不同国家、不同阶层、不同社会、不同时代的无数作者撰写的。经典的内容种类也可分为无数类，自然、历史、哲学、宗教、文学、艺术、物理、数学、生物、天文、地理，等等，广及人类社会生活的方方面面。但是无论经典的内容多么丰富，都与人密切相关，都是为了解决人（人生、人性）、人与其周围环境的问题。经典，记载了人类自己跋涉的足迹，记载了人类留下的博大精深的文化，记载了人类心灵的密码。总之，个体自身已经或不能亲自体验的生活，都可以通过经典来观察到。读者已经解决的问题，在经典中得到印证；存疑的问题，可以在经典中得到答案；甚至更多是没有想到的人生、人性问题，也意外地从经典中收获。正因为如此，经典事实上已经成为人类在生活实践之外，渴望了解自己的重要通道。

所以，在大众文化盛行于社会、对经典形成强力的挤压之势下，我们必须警惕它给阅读带来的负面影响，要鼓励和提倡教育、文化机构和社会各界引导读者回归阅读理性，多读一些经典，多受一些世界文化精华的薰陶，使人性更多健康，使社会更加公平正义，使生活多一些幸福。

读书的境界

境界在中国固有的词汇中是指边界，《后汉书·仲长统传》：“当更制其境界，使远不过三百里。”但是这个词义在后来讲土地的界限时已经不大使用。我们现在一般都说边境、边疆、疆域，却很少说境界。境界还有另一个意思，即佛教所说的修行能够达到的程度，《无量寿经》中世自在王佛告诉法藏比丘：“如所修行，庄严佛土，汝自当知。”比丘说：“斯义弘深，非我境界。”讲的就是个人修行的程度不够，无法达到经书的义理。这一涵义后来则被普遍使用。如我们常说的某人思想境界高或者思想境界低，是指他们思想修养程度的不同。王国维《人间词话》讲到治学的阶段，就是用境界来形容它的三个阶段的。他说：“古今之成大事业、大学问者，必经过三种之境界”，第一个境界是晏殊《蝶恋花》词“昨夜西风凋碧树，独上高楼，望尽天涯路”。这自然是思念离别情人的一句话，因为前面已经说了：“明月不谙离恨苦，斜光到晓穿朱户。”而王国维引用来比喻治学的第一阶段，即开始阶段，登高凭眺，象征求索的开始。第二个境界是柳永《蝶恋花》词句：“衣带渐宽终不悔，为伊消得人憔悴。”这自然也是表现思念之苦的，但是为了她想得面容憔悴也值得。移作治学，是形容治学之艰辛、探索之苦，以及为此而一生无悔的精神境界。第三个境界是引用了辛弃疾《青玉案·元夕》里的词句：“众里寻他千百度，蓦然回首，那人却在，灯火阑珊处。”寻找的是谁呢？是在车水马龙之中“蛾儿雪柳黄金缕，笑语盈盈暗香去”的美人儿。但在王国维这里，是以美人作为学术追求的最终目的了，在艰难的困惑和不停顿的探求中，终于有了发现，也终于有了惊喜的收获。

佛教徒修行有境界之分，学人治学也有境界之别，人生的各种行为说来都有一个境界高低的问题，读书也不例外，也有境界高低的分别。同样是读书，境界高低不同，读者的收获、心灵体会也会有不同。因此，境界应该是衡量读者读书阶段的重要标准，也是考察读书收效的一条渠道。谈读书，读出境界，非常重要，也很有趣，同时也是追求读书最高层次的有意义的话题。

那么，什么是读书的境界呢？换句话说读书的境界指的是什么内涵呢？我们攀登读书的最高境界，究竟会得到什么样的大欢喜呢？从表面看，读书的境界是指读书进入的阶段，而更深层的意思是指读书所能达到的精神状态。读者读书进入的境界不同，所达到的精神状态也有很大不同。一般而言，读者读书的需要、目的和心态的不同，读书境界从低到高可有三种。

一、孜孜矻矻：为知识而阅读的境界

关于什么是读书，从来就有争议。我们一般认为，什么是读书，不是一个再简单不过的事情吗？不就是端起本书来看，就是读书吗？但事情远没有那么简单。鲁迅1927年7月16日在广州知用中学演讲《读书杂谈》时就讲过："读书似乎是很明白的事，拿书来读就是了，但并不这样简单。"比如吃饭，说起来也是很单纯的事情，但是同是吃饭，却有极大的不同。有的是为了饱腹，就是填饱肚子。有人则不然，他不把吃饭叫吃饭，叫美食，叫品味。吃饭，在饱腹之上又增添了精神的需求，是为了美的享受。所以什么是吃饭，内涵就变得复杂起来。读书也是如此。同样是读书，为什么读书？也就是说出于什么目的读书？抱着什么心态读书？读书带来的感受如何，是高兴，还是痛苦？等等。在有的学者看来，因为以上的不同，也应该分为真正的读书和非真正的读书两种类型。比如，在林语堂看来，真读书是不能讲功利的，读书不是为了什么，什么目的也没有，有了目的，就有了功利，有了功利，就会给读书带来压力，就会失去读书的乐趣，读书就变了味儿，就不能称为真正的读书了。他在《生活的艺术》第十二章《文化的享受》中谈读书的艺术时，讲过这样的意见："一个人并不是为了要使心智进步而读书，因为读书之时如怀着这个念头，则读书的一切乐趣便完全丧失了。犯这一类毛病的人必在自己的心中说，我必须读莎士比亚，我必须读索福克里斯（雅典三大悲剧家之一，现存七部悲剧，如《俄狄浦斯王》、《安提戈涅》），我必须读伊里沃博士的全部著作，以便我可以成为有学问的人。我以为这个人永远不会成为有学问者。他必在某天的晚上出于勉强地去读莎士比亚的

《哈姆莱特》，放下书时，好像是从一个噩梦中苏醒一般。其实呢，他除了可说一声已经读过这本书之外，并未得到什么益处。凡是以出于勉强的态度去读书的人，都是些不懂读书艺术的人。这类抱着求知目标而读书，其实等于一个参议员在发表意见之前的阅读旧案和报告书。这是在搜寻公事上的资料，而不得谓之读书。”但是林语堂这样的观点还是比较偏激的，他是从一个理想的读书状态来衡量读书的，也就是说他把读书的最高境界当作了读书最起码的标准，如果按照这样的标准来衡量，大概社会上不会存在几个真正的读者。指出读书向上的一路固然很好，但是照此衡量，会使很多人失去做读书人的勇气。本来现在的中国人读书热情就不高，再给他们树一个高不可及的标杆，读者群会变得越来越小。

因此我认为，功利的读书，也应该算作读书的。鲁迅在《读书杂谈》中也讲到，读书有两种，一是嗜好的读书，一是职业的读书。小学、中学和大学，按照教学的要求、老师的部署读完一本不是教材的读物，是读书；大学老师、研究所的研究员或者研究生，出于研究的目的，完整地读完一本书，也是读书；从事各类工作的人，为了评职称，为了谋职，为了职务，能够完整地读完一本书，也是读书。尽管读书的后面有着这样那样不同的动机和目的，只要是读完一本任何非教材类的读物，都是读书。更何况，从实质来说，求职读书、求学读书、评职称读书、研究读书，都是一种出于求知目的的读书，在人类历史上，这样的读书是最为普遍也最为普通的。比如中国古人讲读书就多为此类。中国古籍分为经史子集四部，就是经书、史书、诸子和文人总集别集四种类型。自汉代的察举制度以经明行修取士之后，读经就成为中国古代士人主要的读书科目。唐代科举制度建立之后，一直延续到清代。科举考试的重要科目之一就是明经。唐代科举分常科与制科（皇帝临时确定科目，下制进行考试），常科包括秀才、明经、进士、俊士、明法、明书、明算。明经要求通九经中的两经。而进士科也包括经书的考试。所以在中国古代读经书是重头戏。欧阳修甚至说过这样的话："经之所书，予所信也；经之所不言，予不知也。"（《春秋论》）经书之外，他一无所知。这当然不是实情，因为欧阳修是位博学之人，经书之外，史书、诸子百家、集部也都精通，他本身就是一位文学家和史学家，是唐宋古文八大家之一，又与宋祁等人共同写了《新唐书》。他之所以这样说，就是强调经书的重要。朱熹亦言“讲学莫先于《论》、《孟》，而读《论》、《孟》者又须逐章熟读”（《答林伯和》）。古人读经，当然并不是全部为了科举，古人读经特别强调修身。孔子说：“古之学者为己，今之学者为人。”为己不是为了功利，而是为了修身。可见以经取士不是唯一读书的目的。但是，无可否认，科举求官应该是当时读书人读经的主要动力之一。杜甫《题柏学士茅屋》说得好：“富贵必从勤苦得，男儿须读五车书。”宋真宗《劝学》也说：“男儿欲遂平生志，六经勤向窗前读。”显然宋真宗是从老杜那儿学的，但说的都是一个道理——为了功名富贵读书。韩愈《符读书城南》：“人之能为人，由腹有诗书。诗书勤乃有，不勤腹空虚。”韩愈讲得真好，读书的最终结果是树人，能使我们成为真正的人。但是后面的诗句，韩愈又陷入到功名富贵的老套：“三十骨骼成，乃一龙一猪。飞黄腾踏去，不能顾蟾蜍。一为马前卒，鞭背生虫蛆。一为公与相，潭潭府中居。问之何因尔，学与不学欤。”归根结底，读书还是归于富贵与否。所以我们如果把这样的读书视为非读书，那么中国古代就没有多少读书人了，显然这是违背历史事实的。

我们承认了功利读书也是读书，但不能说这样的读书是理想的高境界的读书，如果我们把读书分为三个境界的话，此类的功利读书，或者说为了求知的读书一般所能达到的境界，应该是读书的第一个境界，或者说是读书的初级境界。

为了求知、出于功利的读书自然是辛苦的读书，就是我们常说的读书是个苦差事。顾随先生说："世人有思想者多计较是非，无思想者多计较利害，无论是非或利害都是苦。"（《中国古典诗词感发》，北京大学出版社2012年版，第284页）为了知识的读书，属于计较利害的读书，所以其过程会是苦的。为什么苦呢？

首先苦的是心理压力。按说求知是人的本性，了解自己不了解的事物，以满足人的好奇心，这是极为快乐的事情。学校就是因此而产生的。学校教学目的现在有很多，升学现在变成了最为切要的职能。其实这是把学校最本质的属性扭曲了，学校最根本的最本质的职能应该是为了满足人的求知本性，把人培养成为渴望了解未知、并且不断获得已知的个体。但是现在的学校教育，把升学作为求知的目的，不仅完全掩盖了学校的本质属性，而且也因此把根本属于快乐的读书变成了痛苦的读书。痛苦的读书表现为不是真心想读，不是情愿想读，不是快乐去读，而是出于无奈不得不读，这种强迫性的读书自然是极为难堪和苦痛的事。英国人上大学时规定必须读莎士比亚，毕业之后很多人再也不想读莎士比亚，就是因为大学时读莎士比亚，不是学生的自愿，是课程的逼迫，苦不堪言，所以一旦不受规定的约束，英国人就再也不想受那二遍苦了。

其次，苦的是枯燥无味。为了学业、为了职称、为了职务、为了改变自己生存环境的阅读，不完全是来自喜爱、来自兴趣的阅读，自然其阅读是十分枯燥无味的。所以硬着头皮读书，就成为知识阅读的普遍现象。鲁迅在《读书杂谈》中说："所谓职业的读书者，譬如学生因为升学，教员因为要讲功课，不翻翻书，就有些危险的就是。我想在座的诸君之中一定有些这样的经验，有的不喜欢算学，有的不喜欢博物，然而不得不学，否则，不能毕业，不能升学，和将来的生计便有妨碍了。我自己也这样，因为做教员，有时即非看不喜欢看的书不可，要不这样，怕不久便会于饭碗有妨。我们习惯了，一说起读书，就觉得是高尚的事情，其实这样的读书，和木匠的磨斧头，裁缝的理针线并没有什么分别，并不见得高尚，有时还很苦痛，很可怜。你爱做的事，偏不给你做，你不爱做的，倒非做不可。这是由于职业和嗜好不能合一而来的。倘能够大家去做爱做的事，而仍然各有饭吃，那是多么幸福。但现在的社会上还做不到，所以读书的人们的最大部分，大概是勉勉强强的，带着苦痛的为职业的读书。”一方面，鲁迅把职业的读书也列为读书，另一方面，又分析了这种读书的痛苦，在于它与个人嗜好的分离，读书实为勉强。古人鼓励读书，常常引锥刺股、头悬梁的例子，说苏秦从鬼谷子学游说之术，然后下山回家变卖家产，周游列国，推销自己的政治主张，但是都遭到冷遇，只好垂头丧气地回到洛阳的老家，家人看他落魄的样子，都十分冷待他，嫂子连饭也不给他做，苏秦很受刺激，于是刻苦读书，困意袭来，就用锥子扎自己的大腿，使自己振作。苏秦的故事见《战国策·秦策一》：“（苏秦）读书欲睡，引锥自刺其股。”而头悬梁，讲的是东汉时期孙敬的故事。孙敬嗜书如命，晚上读书常常通宵达旦，邻居称他是“闭户先生”。《太平御览》卷三六三引《汉书》：“孙敬字文宝，好学，晨夕不休，及至眠睡疲寝，以绳系头，悬屋梁。”这两个典故都告诉人们为了功名的读书，是毫无兴味的读书，因此要困倦，要昏昏欲睡，不得不采取刺激性的措施。而这种读书，无疑是极为艰苦而且极为痛苦的。为了求知的读书最典型的特征就是苦读。

所谓苦读，有两个涵义，一是上面所说的无趣味读书的痛苦，一个是苦用功的苦。以上讲的头悬梁锥刺股，就是用功苦读的典型。北齐颜之推《颜氏家训·勉学》讲了许多“古人勤学”的故事：一个是“握锥投斧”，握锥，说的就是苏秦；投斧，讲的是文党，他还未上学之前，和人上山砍树，把斧头挂在树上，以明自己一定远学之志，后来到了长安学经。（《北堂书钞》卷九七引《庐江七贤传》：“文党，字翁仲，未学之时，与人俱入山取木，请侣人曰：吾欲远学，先试投我斧高木上，斧当挂。仰而投之，斧果上挂，因之长安受经。”）第二个故事是“照雪聚萤”，说晋代的孙康家贫，没钱买灯火，常常借着雪光读书。（《初学记》卷二引《宋齐语》：“孙康家贫，常映雪读书，清介，交游不杂。”）东晋时人车胤（字武子）夏天用布袋装上萤火虫，借着萤火虫微弱的光亮读书（《晋书·车胤传》）。第三个故事是“锄则带经”，汉代的倪宽锄地时带着经书，休息时随时诵读。第四个故事是“牧则编简”，汉代的路温舒家里贫穷，牧羊为生，他就拿蒲草作为书写工具，写好后按照叶数联编起来。颜之推把家贫苦读勤读的例子拿来讲给他的子弟听，就是为他的孩子们树立一个勤读苦读的典型群体，用心极为良苦。

苦读的直接收获是能够获得知识，有了必要的知识，才能得到学位、职称、职务等。所以只有用功才会有所收获，这是最为明确的道理。那么，这种为了获得知识的功利性读书，会是一种什么样的境界呢？一般来说是孜孜矻矻、废寝忘食的精神境界。董仲舒读书，三年不窥园，就是这种境界。董仲舒此种状态，或者与所读书的内容相关，或者完全不相关，也就是说，不是书本身吸引了董仲舒，而是要读书的要求逼迫他自觉地不窥园。一般而言，此处所说的废寝忘食的精神境界，主要是讲醉心于学习这种行为，而不是阅读过程。朱熹的一段话可以证明，他说："读书者当将此身葬在此书中，行住坐卧，念念在此，誓以必晓彻为期。看外面有甚事，我也不管，只恁一心在书上，方谓之善读书。"（《朱子语录》卷一一六）一心苦读的精神境界，其本色无疑是苦味十足的，如同和尚之闭关。人从本性上讲是好逸恶劳的，安逸闲适或者热闹享乐，自然要比坐冷板凳读书容易让人接受，所以要忍受专心读书所带来的枯燥，忍受一个人独处所带来的枯寂，就需要人有很强的定力，有很强的韧性。然而苦读的境界并非没有快乐，而且当然有。苦读境界中的快乐是收获知识，获得成功的快乐。由无知到有知，由不懂到懂得，古代社会讲由白丁变为士人，现在讲由百姓变为知识分子，随着阅读的深入，知识不断扩大，认知不断加深，自然会给读书人带来心智的提升，带来精神的自足，最后是带来学习进步的满足，同时也是欢乐。所以，可以这样说，为了知识的苦读之乐，是苦后有甜、苦中增甜的欢乐。这种欢乐也是十分难得的。更何况，为了学位的读书，为了职称的读书，一切为了利益的读书，并非完全是所读与个人的兴趣爱好相悖，不排除为了功利所读的书，竟然与自己的兴趣爱好正好相吻合。在这样的条件下，功利的读书也是趣味的读书，其生成的读书境界，也会达到最高的精神境界。苦读的最高境界也可以达到忘我的状态。唐代文学家韩愈读书“口不绝吟于六艺之文，手不停披于百家之编”（《进学解》），并且达到了“处若忘，行若遗，俨乎其若思，茫乎其若迷”（《答李翊书》）的精神状态，实际上就是忘我的状态。而这种状态，会有两种可能：一种可能是被书中的内容所吸引，完全沉浸在与书的交流中；另外一种可能则是无关书之内容，乃是因为读书人完全进入苦读的状态。还有第三种可能，那就是忘我读书与书使我忘二者融合在一起，达到了忘却世事、忘却周围、忘却苦乐、忘却自我的超然的精神状态，这是何等美妙的精神境界。

二、兴致盎然：出于兴趣读书的境界

读书，既有功利性目的的阅读，还有出于兴趣的阅读。这种阅读是自发的、自愿的，甚至可以说是自觉的阅读。用不着老师的诱导，用不着社会的提倡，用不着父母的苦口婆心，也用不着学业职称和工作需要高扬起来的鞭子赶，他只是喜欢，只是乐意，甚至只是习惯。鲁迅《读书杂谈》已经讲到有两种读书，一种是前面讲过的职业读书，还有一种就是嗜好的读书："那是出于自愿，全不勉强，离开了利害关系的。——我想，嗜好的读书，该如爱打牌的一样，天天打，夜夜打，连续的去打，有时被公安局捉去了，放出来之后还是打。诸君要知道真打牌的人的目的并不在赢钱，而在有趣。牌有怎样的有趣呢，我是外行，不大明白。但听得爱赌的人说，它妙在一张一张的摸起来，永远变化无穷。我想，凡嗜好的读书，能够手不释卷的原因也就是这样。他在每一叶每一叶里，都得着深厚的趣味。自然，也可以扩大精神，增加智识的，但这些倒都不计及，一计及，便等于意在赢钱的博徒了，这在博徒之中，也算是下品。”“嗜好的读书，本人自然并不计及那些，就如游公园似的，随随便便去，因为随随便便，所以不吃力，因为不吃力，所以会觉得有趣。如果一本书拿到手，就满心想道，‘我在读书了’、‘我在用功了’，那就容易疲劳，因而减掉兴味，或者变成苦事了。”古今中外有许多兴趣读书的例子。比如中国的孔圣人孔老夫子，年过五十岁以后喜欢读《易》，“韦编三绝”。春秋时期我国的书籍多是竹简和木简，把字写在长条的木简或竹简上，然后用绳子连起来。韦就是皮子，是很坚韧的，但是孔子因为喜爱读《易》，不断地翻竹简，把连着竹简的皮绳都磨断了，可见他不知读了多少遍。没有兴趣，很难说阅读的时间会维持如此之长久。宋代诗人陆游《寒夜读书》也说自己是个书癫，如同孔子：“韦编屡绝铁砚穿，口诵手钞那计年。不是爱书即欲死，任从人笑作书颠。”宋代的欧阳修在《归田录》中讲过钱惟演（吴越王钱俶的儿子）“平生惟好读书，坐则读经史，卧则读小说，上厕则读小辞，盖未尝顷刻释卷也”。读书是他一生的嗜好。明代著名文学家李贽也是一生嗜书如命，以至于成痴的，他写了一首《读书乐》四言诗，其中有：“龙湖卓吾，其乐何如？四时读书，不知其余。”“束书不观，吾何以欢？怡性养神，正在此间。”一年四季，只知道读书，不知他事，读书给了他快乐，读书使他怡神养性。这是典型的兴趣读书。

兴趣读书，实际上讲的是三个话题，第一个话题是说读者对某些书，或在某个时间有了兴趣才去阅读；第二个话题则说的是读者阅读的趣味取向；第三个话题是说一个人养成了读书的兴趣，读书成为一种生活习惯。这三方面都是兴趣读书，最终都会归于兴致盎然的阅读境界。但是再细加分析，却有层次的不同。

有了兴趣才去阅读，自然是保持极佳阅读状态的聪明选择。因为前面讲过强迫阅读给读者造成的痛苦，而且久而久之会使一些读者失去读书的兴趣。因此，如果不是为了职称，为了学位，为了职务，以及所有为了利益的一切，有了兴趣再去阅读，真是聪明人聪明的选择。但是也许有人马上想到，那么此人如果一天、一月、一年、多年总是没产生读书的兴致，又当如何呢?那就涉及第三个话题，读书兴趣的培养。假如经过培养，此人还没有读书的兴趣，不但一年数年没有兴趣，甚至一生也不想读书，总是打不起读书的精神，那么这个人也就真的无可救药，大家讲什么对他而言都是对牛弹琴。但我相信这样的人会有，不会太多。话说回来，如果不是总无读书的兴趣，只是在一段时间不愿意读书，或者不愿读某一个作者、某一类的书，那么他尽可以不读，可以去打打球，看看电影，听听戏，唱唱卡拉OK，上上网，扯扯闲篇儿。积蓄无聊，养足精神，突然来了兴致再读也不迟。六朝时期梁代的著名文学理论家或曰文章家刘勰在《文心雕龙·养气篇》，讲到写文章养气的问题，认为，人如果“率志委和，则理融而情畅”，如果“钻砺过分，则神疲而气衰”。所以，刘勰主张“学业在勤，故有锥股自厉”，也就是说读书可以勤苦用功，但是写作则不然，要“从容率情，优柔适会”，因此“吐纳文艺，务在节宣，清和其心，调畅其气，烦而即舍，勿使壅滞”。“逍遥以针劳，谈笑以药倦”。他认为，写作忌讳用功太苦，造成过度的疲倦。应该在疲倦时放下笔，好好休息，消除疲劳后再写作。其实，写作是如此，读书也有这种情况，当我们读书太苦，精神疲倦，再也打不起读书兴趣的时候，学习效果很难说好。这个时候，最好放下书。从实际情况看，这样的情形经常有之，没什么不可，也没什么不好。我的朋友就有这样的体验，突然有那么几天、甚至十天半月，不想读书，无论多么好的作品、多么吸引人的作品，都不想看，甚至连看它一眼的兴致都没有，那么好，去开会，疯狂地去参加会，不管多么无聊、多么乏味、多么空洞、多么损人不利已的会，都硬着头皮去听。搞得你百无聊赖，搞得你上天无路，入地无门，此时忽然峰回路转，柳暗花明，书又成了曾被你讨厌、被你遗弃，而现在希望马上就见面的朋友。

再说一个人的阅读取向的读书兴趣，也有人把它叫作趣味，它是某一阅读个体受个人性格气质和人生经历影响，在一定时间的阅读经历后所形成的阅读爱好。英国著名作家弗吉尼亚·伍尔夫在《怎样评判书的优劣》一文中说："读书的时间久了，我们或许可以培养自己的趣味，也可接受某些限制。"（《伍尔夫读书随笔》，文汇出版社2012年版，第18－19页）而读者在长时间读书过程中所形成的读书趣味，对读者维持其经久不衰的阅读兴趣，保持对某类书的特殊爱好，会有极为重要的影响。伍尔夫就说：“我们的趣味仍然是我们读书的指路明灯，因为唯有趣味才能使我们身心激动不已，我们是凭着感情来读书的，我们不能压制自己的癖好，就是加以限制也不行。”（同上，第18页）当然读者的趣味不是一成不变的。随着年龄、环境以及知识结构的变化，读者的读书趣味有的会改变，比如有人年轻时喜欢李白，上了年岁开始欣赏杜甫；有的人年轻时好读武侠小说，成年之后可能不再热衷；年轻时喜欢读诗，到了晚年却喜欢读史，等等。但是无论怎么变化，读者的阅读都是在趣味的引导下，或贪婪地读某一种书，或大胆尝试跃出固有的类型，去涉猎新的领域。所以，可以说读者的趣味在我们的一生中发挥着如猎犬般搜索目标和引路的作用，以及稳定读书兴趣的作用。应该说，在关于读书兴趣的三个方面里，读者的趣味最容易使读者的阅读达到兴致盎然的境界。

兴趣读书的第三个方面，说的是读书个体在其一生中把自己培养成了一个读书人，养成了读书的兴趣，读书已然成为他的一种生活习惯。《晋书·皇甫谧传》称皇甫谧：

“耽玩典籍忘寝与食，时人谓之书淫。”这位书淫对书废寝忘食的阅读，并不是为了富贵，因为皇甫谧是位隐士，虽然，他隐于山中，却与朝廷有着密切的联系，故称山中宰相，但他毕竟无需用读书的功夫来谋求什么利益。所以他对书的沉迷，就是出于喜爱，所谓“耽玩”者是也。人的一生，物质需求不必说了，如饕餮的巨兽，欲望无穷无尽，在物质欲望面前迷失自我的芸芸众生无在不有。所以中国古代的道家讲“物物而不物于物”，要役使物，但又不被物所左右。此话题与本话题有关，但此处不一定要讲，所以不去管它，此处只讲人的精神需求。人的精神需求，也可谓五花八门，丰富多彩。尤其在当代社会，科技的高度发达，开发了人类许多不曾有的精神欲望，并为这些需求提供了实现的门径。古人讲声色犬马，以此为精神享受。今人在此之上，又翻腾出无数的新花样。比如说，电影开发了人们视觉享受的盛宴，但是受场地和时间的限制，不能满足观众随时随地收看的要求，于是又有电视出场；黑白电视固然有了活动的画面，但是与生活中多彩的世界有距离，于是又有彩色电视出场；彩色电视固然接近了实在的世界，但毕竟是扁平的，于是又有三维电视出场。可谓视觉纷纷，眼花缭乱。又如互联网的出现，使人的精神需求和享受的胃口更是大到无限，从文字到图像，从一地信息到世界各地信息，红的、黑的、黄的、白的，只要提出，就应有尽有，令人叹为观止。在人的精神需求和精神享受如分裂般变成无数的碎片，飘向四方，甚至于无法聚拢起来的现代社会，要想培养起人的读书兴趣，真是谈何容易。我们可以轻易地说把自己培养成电视人，即天天不离电视的人；也可以轻易地说把自己变成互联网人，即所谓的网奴，但是我们不敢轻易地说把自己培养成读书人。

说到读书，总会听到有人说某人是读书的种子，这是说什么呢？一个意思是说此人热爱读书，可以培养成为读书人；也有此人是读书天才之意，天生喜爱读书，与书为伴，可以一生。这样的天才自然有，但是少数，绝大部分人的读书兴趣则是后天养成的。还是讲《红楼梦》里的一段故事：贾宝玉周岁时，家里人让他抓周，在他的面前摆了许多东西，有玩具，有脂粉，当然也有书。贾政很希望贾宝玉去抓书，可是真是令人大跌眼镜，贾宝玉偏偏对书连看都不看，一上手就抓了脂粉，贾政因此对这个孩子十分失望。当然，后来的贾宝玉还是很爱读书的，诸子百家无所不涉猎，因此才华横溢，只是对科举考试的四书五经不感兴趣而已。但这个故事说明，人的读书的兴趣不是天生的，是后天养成的。由此可见，培养人的读书兴趣十分要紧。尤其是青少年时期，能否培养起读书兴趣，对他此后的一生都有影响。关于这方面的话，梁启超讲过，王云五讲过，我在《个人性的读书》中引过，可以参见。有了读书的兴趣，养成读书的习惯，就会克服外界的各种诱惑与干扰，集中精力做专心致志的阅读。有了读书的兴趣，才能在读书中不断体验到读书的快乐，读书的享受，不至于把读书作为额外的负担。所以，人要经常地在读书中进入兴致盎然的境界，而不是偶尔才进入，此处所说的人在其一生中养成的读书兴趣，就在起着持续不断的作用。

兴趣读书乃是一种快乐的阅读，其最主要的特征，就是读者没有任何心理负担，轻轻松松进入，快快乐乐接受。兴趣读书所能达到的境界，就是始终兴致盎然。他如同走进景致绝佳的山水，看山岛耸峙，看清水流长，看花繁似锦，看草绿如茵。他打开相机，一步一景，揿动快门，摄进一切，心中充满了欣赏美景的满足。他又如遇到了一见钟情的美女，看她明眸如意，看她皓齿称心，看她一切皆是天生丽质，如天上掉下个林妹妹。正因为书是你希望得到的，是你想看的，所以，你会始终对书的内容充满浓厚兴趣，怀着好奇心去寻找每一个精彩的细节，每一个造句，每一个用词。兴趣读书，不但容易进入，也容易接受。不是刻意去记忆，不知不觉间就领略了所读内容，并在无意间记住了它。所以兴趣阅读又是高效的阅读。

正因为兴趣阅读如此之好，所以历来受到名家的追捧。在林语堂那里，甚至把兴趣视为真正的读书，舍此都不能称为读书了。

三、陶然忘机：理想的读书境界

理想的读书境界，是我们很少能够达到、很少能够见到的读书状态。在中国的读书历史中，记载不多。春秋时有孔子，闻韶乐，三月不知肉味。那是欣赏音乐，当然也包括欣赏诗在内，可以勉强算作读书的。还有晋末南朝宋初的伟大诗人陶渊明，他在《五柳先生传》中描写了五柳先生，也是他自己读书的状态，说他“闲静少言，不慕荣利，好读书，不求甚解。每有会意，便欣然忘食”。每有会意，欣然忘食，是说每当书中写的意趣与陶公的意趣一致时，他就兴致蓬勃地读下去，忘记了一切。食为人先，在人的生存条件中，吃饭是第一位的。俗语常说一句话：吃喝玩乐，吃饱喝足，才会想到玩乐。孔子不知肉味，陶渊明忘记用餐，连人最重要的需要都忘掉了，可见读书之陶醉，已经到了极致。

作为读书的最高境界，此一境界具有这样几个特征，尝试言之：

第一个特征就是忘我。忘我，首先当然是自我的失去。我到哪里去了？被书所俘虏了，被书摄取了灵魂，被书所同化，我完全沉浸在书中，书就是我，我就是书了。陈寅恪谈读古人的书，经常讲同情之理解。他在《冯友兰〈中国哲学史〉上册审查报告》中说："吾人今日可依据之材料，仅为当时所遗存最小之一部，欲借此残余断片，以窥测其全部结构，必须备艺术家欣赏古代绘画雕刻之眼光及精神，然后古人立说之用意与对象，始可以真了解。所谓真了解者，必神游冥想，与立说之古人，处于同一境界，而对于其持论所以不得不如是之苦心孤诣，表一种之同情，始能批评其学说之是非得失，而无隔阂肤廓之论。"此处所谈的同情之了解，讲的是发挥想象重构历史的原貌。用之读书，就是设身处地地去理解古人，就是感同身受。读书的最高境界所达到的忘我状态，是一种无意识的感同身受，就是在自我的失去中，与作者同体。但也就是在自我与作者与书的同体中，读者把书、把作者化为自己，书吸去了读者的灵魂，同时也是读者摄取了书的灵魂的过程。换句话说，在读者的忘我中，读者重构了自我，而这一自我已经融进了读者所阅读的书。书对读者的作用，有的是耳提面命的教育作用，但是这种作用的效果如何，却值得深思。一般来说，即使有效，却也有限。很简单，耳提面命的教育是强迫的教育，是生硬的教育，极易引起读者的反感。而书使读者忘记了自己、失去了自己的作用，则是一个自然的陶冶的过程。什么是陶冶？陶冶就是把读者和成泥，化为铁水，然后在书的模子下，重塑一个读者。不过，这是一种理解。按照伽达默尔的阐释学理论，读书是读者与书的对话，是互相的，而非单向的影响。照这种理论去理解，陶冶则是把读者与书都和成泥、化为铁水，然后再造一个读者，此时的读者已经不是读书之前的读者，而是与书同体的读者了。这就是读书达到最高境界时的奇效。

第二个特征是精神的大解放大自在大自由。所谓的忘我，不仅仅是忘了读者自身，其实连同现实中与读者有关的一切全都忘却。在此种状态下，一切的是是非非，一切的利害得失，一切的苦闷烦恼，都烟消云散，化为乌有，只剩下书的世界。所谓陶然忘机，说的就是这样的精神状态。在这样的精神状态之下，读者的心理彻底放松，再也没有紧张，没有压力；读者的思想彻底解放，没有任何禁忌，一任其自由飞翔。著有《阅读史》的加拿大学者阿尔维托·曼古埃尔描述过他自己的读书境界："我也习惯在床上阅读。在我度过童年夜晚的许多床中、在过路车辆的灯光阴森恐怖地扫过天花板的奇怪旅馆房间里、在那些味道与声音对我而言很陌生的屋宅中，在夏季平房的小住宅中——海风带着咸湿黏味，或者山中空气如此干燥，我甚至要在身旁放一个装有油加利树水的蒸汽盆，以帮助呼吸——床和书的结合让我有一种夜夜都可以回去的家的感觉，在任何天空之下，将没有人会大声吆喝，要我做这做那；我的身体一无所需，在这些纸页之下一动不动。所发生的事是在书本上，而我是故事的叙事者。生活之所以发生，乃因我翻动这些书页。"（商务印书馆2002年版，第

184－185页）在安静的环境中，在如家的安全感中，曼古埃尔的阅读状态，已经进入到完全与书中故事融为一体的状态。他取代了作者，成为故事的叙事者。说到此处，会有人提问，书中也有与现实相近的是非得失，读者既然与书同体，自然也会体会到书中所描写的人世的一切是非烦恼。此说不错。书是第二自然，第二社会，第二人生。所谓第二，乃是说书中的自然，是作者书中的自然，已非真实的自然；书中的社会，是作者所写的社会，已非现实社会；书中的人生，是作者所写的人生，已非真正的人生。虽非现实，但是它源自现实。而且如果我们留意传世经典的话，我们就会发现，凡是经典，必然是关切现实、关切人和人性、人生的。经典作者洞察社会人生，洞察人性，揭示社会与人生、人性最本质的一面，其书才能称为经久流传的著作。所以，读者阅读时，思想情感必然随着书中天地的变化而变化。民国时期，有女子读《红楼梦》，陪林妹妹哭，陪林妹妹笑，陪林妹妹尝尽人间的冷暖。林妹妹不得嫁贾宝玉成就金玉良缘，焚稿断痴情，命归太虚幻境，此女竟也自尽，随着林黛玉去了。这岂无苦闷烦恼？有，自然有。但是我们要说的是，读者阅读中所体验的情感是非，是想象的情感是非，对于文学作品而言，是审美的情感体验。这种审美的境界，恰恰是读者被书从现实中解脱出来而获得的，读者所得到的情感体验正是精神自由想象的结果。

第三个特征，是获得发现与创造的快意。读者读书进入最高境界时的快乐，不简单只是摆脱现实一切束缚、精神获得解脱的欢乐，还有发现与创造的快乐。我在研究经典时，曾经讨论过读者阅读经典时所产生的创造性快乐。经典之所以吸引人，其主要原因之一在于它的陌生性。凡是优秀的精神产品所提供给读者的精神食粮都是独一无二，不可重复的，因此也是陌生的。读者在阅读这样的图书时所产生的感觉就是陌生感。在读者的阅读中，经典的陌生性带给读者的是创造性的快意与欢乐。对于人类而言，无论庸才还是天才，都有创造的潜在心理，因此而具备创造的渴望。然而由于各方面条件的限制，并非每个人都会有创造并享受创造的快乐。而经典阅读则是满足人创造渴望与欢乐的重要活动。读者在阅读经典时，是带着个人的前见而走向经典的。而在与经典的交流中，经典或者证明了读者前见的合法性，其实就是证明了读者前见的创造性，从而获得创造被证实的快感；当然更多的时候则是经典突破了读者的前见，打破读者的成见，使读者在阅读中收获发现的快乐。伽达默尔讲到何谓研究者的发现时指出：“对于研究者来说，在科学中具有决定意义的就是发现问题。但发现问题则意味着能够打破一直统治我们整个思考和认识的封闭的、不可穿透的、遗留下来的前见。具有这种打破能力，并以这种方式发现新问题，使新回答成为可能，这些就是研究者的任务。”（《真理与方法》，商务印书馆2010年版，第65页）其实这段话完全可以挪用来论述经典的陌生性给读者带来的创造性心理快乐。经典阅读的关键亦是发现，而这种发现即来自阅读时对前见的证明，更是对前见的打破，为新的前见的建立打开了更深邃、更广阔的视野。

那么怎样的读书才易于达到这样的境界呢？我以为有三种阅读方式容易达到陶然忘机的境界。

其一，是无功利的读书。功利的阅读固然是主要而且普遍的阅读，自古而然，而且越到现代，这种阅读倾向也就越严重。到了今天一切以利益为先的社会，读书和利益就是经济法则上所说的投入与产出的关系。投入一分的时间和精力，就要有一分的收入，因此无功利的阅读，在一些人的眼中几乎不可想象。但是，为什么鲁迅、林语堂等现代著名作家把这种阅读才称为真正的读书呢？就是因为这种不带任何目的的读书，才会使人心无旁骛，无拘无束、心情愉悦地读书。没有外在的纷扰，没有个人读书的心理障碍，极为容易集中心力，进入到忘我的状态。

其二，是无限制的读书。读书就其本质来说本来是没有禁区的，读者应该享有充分的自主权。所谓无限制，乃是指读书人没有任何紧箍咒，没有任何顾虑的读书，想读什么就读什么。不会有人对其指手画脚，不会有人对其说三道四。这是保持阅读中思想自由与想象自由的必备条件。伍尔夫说："关于读书，一个人可以对别人提出的唯一的指导就是不必听什么指导。""因为，作为一个读者，独立性是最重要的品质；因为，对于书，谁又能制定出什么规律来呢？""如果把那些衣冠楚楚的权威学者请进图书馆，让他们来告诉我们该读什么书，或者我们所读的书究竟有何价值，那就等于在摧毁自由精神，而自由精神恰恰是书之圣殿里的生命所在。"（《伍尔夫读书随笔》，第3页）而在现实中，想要获得无限制读书的环境，也真不易。

孩子自然不必说，要听老师的、父母的，还有自称为儿童阅读专家的。这也不宜，那也无益，划了许许多多的圈子，设了许许多多的清规戒律，搞得孩子无所适从。当然，对未成年人而言，因为他们的心智还不成熟，需要有成人的阅读指导，但是指挥的人多了，保姆多了，未必有利于儿童的读书。所以我从来就反对给儿童搞什么推荐书目，更何况必读书目。即使要做的话，也应该以哪类书不适宜儿童阅读的原则来指导为好。如同欧美的电影、电视和图书，明确哪些为少儿不宜，才真正有益。现在，我们一方面搞什么推荐书目，另一方面却放任一些暴力、情色、阴谋、厚黑的成人节目和图书泛滥，不给儿童设任何防火墙，我认为这真真是丢了西瓜，捧起了芝麻，不知何轻何重。

至于成年人，我们没必要设任何阅读限制，即使是坏书，读读也未尝不可。要相信读者的判断能力、理解能力和消化能力。当年孔子整理周朝以前的诗歌，删去了许多，保留下来的作品，在《周南》和《召南》等诗篇中还有像《野有死麇》那样近乎今天偷情的诗（“野有死麇，白茅包之。有女怀春，吉士诱之。林有朴樕，野有死鹿。白茅纯束，有女如玉。舒而脱脱兮，无感我帨兮，无使尨也吠”）。当年郁达夫的《沉沦》发表后，在文坛引起很大的轰动，有的批评家批评此书为“不道德的书”。但周作人1922年3月26日在《晨报副镌》中鲜明地为其辩护，认为这篇小说“所描写是青年的现代的苦闷，似乎更为确实。生的意志和现实的冲突，是这一切苦闷的基本。人不满足于现实，而复不肯遁于空虚，仍就这坚冷的现实之中，寻求其不可得的快乐与幸福。现代人的悲哀与传奇时代的不同者即在于此。郑重的声明，《沉沦》是一件艺术的作品”。如今这篇小说已经成为现代经典作品。周作人在这篇文章里讨论到其中所谓的一种不道德的文学，也是颇有启发的。他说有一种被称为不道德的文学，是反因袭思想的文学，也就是新道德的文学，“例如易卜生或托尔斯泰的著作，对于社会上各种名分的规律加以攻击，要重新估定价值，建立更合理的生活，在他的本意原是‘道德的’，然而从因袭的社会看来，却觉得是‘离经叛道’，所以加上一个不道德的名称。这正是一切革命思想的共通的运命，耶稣、哥白尼、达尔文、尼采、克鲁泡特金都是如此；关于性的问题如惠特曼、凯本特等的思想，在当时也被斥为不道德，但在现代看来却正是最淳净的道德的思想了”（《知堂书话》，中国人民大学出版社2004年版，第13页）。我研究中外经典，就发现有许多经典在历史上都有被禁的历史，中国的《水浒传》、《红楼梦》、《西厢记》被禁过。而在欧美，“斯坦贝克、马克思、左拉、海明威、爱因斯坦、普鲁斯特、威尔斯、海因里希·曼、杰克·伦敦、布莱希特与数百位其他作家，都受到类似墓志铭文般的致敬”（阿尔维托·曼古埃尔《阅读史》，第346页）。即使在号称自由的美国，“我们的许多极富文学价值的著作——例如《哈克贝利·费恩历险记》、《愤怒的葡萄》、《汤姆大叔的小屋》以及《第二十二条军规》等，都在这个或那个时期遭受过查禁”（尼古拉·J·卡罗里德斯、玛格丽特·鲍尔德、唐·B·索瓦著，《西方历史上的100部禁书——世界文学史上的书报审查制度·导言》，中信出版社2006年版）。纵观西方书史，可以毫不夸张地说，一部经典的传世史，就是一部经典的焚书、禁书史。这说明对书的道德价值的判断，是有历史局限性的。因此，设定阅读的禁区，哪些不让读，哪些可读，是没有什么意义的。

其三，是无障碍的读书。无障碍的读书，此处主要指读者的接受水平与所读的书基本持平或接近，这样才有能力与书对话与交流。读者的阅读水平包括语言水平和认识水平。前者是读懂书的基本条件，不具备这个条件，就无法进入阅读。这是古人所说的文字之隔。比如读中国古代诗词，没有中国古代的诗词常识，不懂何为比兴，何为寄托，何为用典，何为格律，何为诗体，缺少这样的基本功，读起来磕磕绊绊，似懂非懂，甚至云里雾里，就无法领略中国古代诗词的境界。语言是进入作品的大门，而认识能力则是进入作品之后，能否登堂入室理解作品，理解多少的问题。曹植说过："盖有南威之容，乃可以论于淑媛；有龙泉之利，乃可以议于断割。"就是讲读书人必须具备与作品相同或相近的水平。因此从对作品的理解角度来看阅读，阅历直接影响到读者理解的能力，也直接影响到读者收获的多少。比如同样一部《红楼梦》，学生时代阅读此部小说，我们可能更多地关注到贾宝玉和林黛玉的爱情；而有了更丰富的阅历时，也许我们就会从宝黛的爱情延展到贾家这个贵族家庭的盛衰；即使是看宝黛爱情，我们也会由简单的同情，深入到对这一对恋人命运的追索。所以，同一部作品，读者在不同时期阅读，所进入的陶然忘机的境界也会有所不同。

今人读书，最害怕经典，很难读进去，就是不容易接受。在与学生和读者的交流中经常会听到这样的抱怨。原因何在呢？经典本身思想深刻、叙事宏大，不太能够轻易进入，是客观原因；另外一个重要原因就是现在社会的现代传媒造就了大量的浅阅读和碎片化阅读的读物，使人们习惯于阅读即时、消闲、浅显的读物，不再适应思想深邃、史诗般的叙事的作品；再加上青年人阅历有限等等原因，造成了阅读经典的障碍。这是一个很难破解的怪圈。越是难于接受经典，就越难培养高水平的阅读能力和习惯。而越是阅读水平低，也就越畏惧经典，当然就更难于进入自由的阅读境界。打破这个怪圈，没有其他途径，关键还在于读者个人的努力。要克服习惯于浅阅读和碎片化阅读的阅读心理和阅读方式，选择与自己兴趣相近的经典读物阅读。开始进入也许是强迫的，因此也是痛苦的。但是因为所有的经典之作不仅在于它的内涵，其表达与表现也是经典的。美国著名作家艾略特说过："当一位伟大的诗人同时也是一位伟大的经典诗人的时候，他所用竭的就不仅仅是一种形式了，而是他那个时代的语言；在他的笔下，那个时代的语言将达到完美的程度。"（《艾略特诗学文集》，同上，第199页）所以，我们相信经典的语言艺术也是极为优秀，因而也是有其吸引力的。在最初的强迫阅读之后，一定会带来阅读的愉悦。当我们有了一定的经典阅读量之后，我们的阅读能力和水平就会有相应的提高，我们也就有了与经典对话的资格，也就容易达到读书的最高境界。

跋

此书所辑，是我关于读书的演讲稿。

近些年来，由于职业的关系，我每年都会受邀到国家机关、高校、央企和省市做多场读书报告。讲课的对象，多是大学生、机关公务员、企业管理者和普通市民。虽没有整体安排，但在讲课过程中，也逐渐形成了几个比较集中的主题，如读书的意义，读书的动力，读书的方法，读书的阶段，读书的境界，等等。我讲课，不习惯做PPT，也不习惯带讲稿。每次演讲，都是先读书，思考出主题框架和基本内容，再上讲台。所以，现在呈现给读者的五篇，是课后陆陆续续整理出来的讲稿。正因为这样，此书使用的是口语，不似文章语言那样精炼。因为事先并无整体的结构，因此所引名家论述，前后有时会现重复。整理时虽然注意到这一点，而且编辑也进行了适当的删改，但重复现象仍然存在。而且最初的演讲稿，所有的引文都未注明出处。此次整理，为了读者阅读方便，对一些较长的或不常见的引文加了注释。但考虑到阅读的顺畅，不似论文那样，凡引文必见出处。有些引文，或者常见，或一两句话，并未加注，这也是需要说明的。

明人潘平格曾感慨：“书固易读，亦难读也，岂得漫曰读书云乎哉！”读书难，谈读书更难。古今中外，只一名家谈读书的文章，无虑成千上万。看下来，其中自不乏有心得、可启发人的文章，但更多的则面貌相同或相似。收入书中的五篇讲稿，我自认为是想出了一些眉目，能够讲出点子丑寅卯的；还有一些，我确实讲过，但觉得还不成熟，或者当时认为想清楚了，现在又感到模糊的问题，未敢编入此书。我在高校讲过《中国的读书人》，讲了中国读书人的品性，如天下情怀、乐道安贫、知书达理等等；也讲了缺点，如愚忠、守成、犯贱、健忘等。分开来讲，条分缕析，自有道理；但放到一起，顿觉中国读书人的面孔变得模糊不清了。最近，在人民文学出版社讨论传统价值观选题的论证会上，我讲了中国士人文化中有无形而上思想的问题。有的学者认为，中国古代文化重实用性，缺少形而上的东西。此说符合实际，但不全面。其实，中国古代士人也有形而上的思想，那就是“道”。“子曰：笃信好学，守死善道。”（《论语·泰伯》）“朝闻道，夕死可矣。”（《论语·里仁》）“士志于道，而耻恶衣恶食者，未足与议也。”（同上）“道可道，非常道。”（《老子》第一章）“有物混成，先天地生，为天下母……字之曰道。”（《老子》第二十五章）不论儒道，其理论的终极之处都横亘着一个“道”。尽管儒道二家对“道”的解释有很大区别，但“道”的形而上性质却是一致的，对“道”的尊崇也是相似的。所以，乐道、守道、尚道，是古代士人的突出特点。道，既可规范个人的行为，又规范社会的运转。下起百姓，上至皇帝，都要守道。不管哪一家的帝王，刘姓也好，李姓、赵姓也好，都应该在道的规范下治理国家，否则就是无道之君。君主可不听臣子的，但不能不听道的。士人即以此来约制皇权。由此看来，乐道是中国读书人的一大优点。但是，暂且打住。也正是这些士人又讲：“道之大原出于天，天不变，道亦不变。”（《汉书·董仲舒传》）道逐渐演变为万古不变的僵死教条，也直接影响到士人墨守成规的性格。儒家经典里讲汤武革命，但是想革命的读书人不是很多，真革命的倒是那些不读书的人。所以，皇帝无论多么昏庸，读书人都会保他，显现出十足的愚忠。正如此，往往一个姓氏的政权，固若金汤，长寿数百年。所以王安石变法，也才寿命很短。这样看来，士人的守道，又不能简单视为优点了。尽管如此，说中国读书人就是守成，抱残守缺，似乎也不符合事实。中国读书人的容易健忘和丢失，好了疮疤忘了痛，也是很有名的，从鲁迅塑造的阿Q身上，极易逮到读书人这一属性。所以关于中国读书人的问题，很复杂，一时想不明白，自然放弃，留待继续考察。

这是我在中华书局出的第三本书。作为老牌的著名出版社，能够接受这样一本普及读物，这比出版我一本学术著作，更令人感激。所以不能免俗，还得说一声："谢谢！"同时也谢谢编辑李世文先生、徐麟翔女士为此书所做的工作，他们认真的职业精神，也是此次我出书的收获。

2015年2月28日